学級崩壊崖っぷちでも

乗り切れる！頑張らないクラスづくりのコツ

小野領一 著

明治図書

はじめに

「こんなん、どうしようもないやん……」

追い込まれてしまった私はこんなことを、何度笑いながらつぶやいたかわかりません。

学級開きの日、教室に入ると、何人もの子どもたちがガムを噛んでいて、甘い匂いが漂っていた教室。

授業中にボール遊びをしていたことを注意すると、逆ギレし、机を蹴りとばして教室を飛び出していった男の子。

時には、はさみが飛び交ったことも……。

こういった、修羅場のような状況を乗り切ろうと、たくさんセミナーに参加し、本も読んだのですが、正論で正しいと言われている方法では、なかなかうまくいきませんでした。

そして、日々試行錯誤をしていく中で、正論で正しいと言われている実践とは、真逆の発想からの実践を試したところ、それがたまたまうまくハマり、学級を立て直すことができたのです。

また、視野を広げることができると、教師にとっても打開策が思い浮かびやすくなり、さらに、生きづらさを感じている子どもたちにとっても、微力ながら力添えができるのではと、今の私は考えています。

現在、壁にぶつかっている若い先生にとって、この本には正攻法は書かれていないかもしれません。でも、この裏ワザ的な、逆転の発想からの実践が意外にもよかったので、若い先生に是非紹介したいと強く思って、この本を書かせて頂きました。

この本を手に取ってくださっている若い先生の視野が、少しでも広がる一助になれば幸いです。

小野　領一

※本書中のエピソードは個人情報保護のため仮名を用い、事実をゆがめない形で一部内容を変更しています。

もくじ

第3章 頑張らない！トラブル「やりすごし」法

第4章 ちょっと気ままに「飾らない」授業づくり

第5章 肩ひじ張らずに、ナチュラル「教師」術

第1章

壁のように立ちはだかる困難から得た「逆転の発想」

「きっちり」「ちゃんと」ができない…けどそれを生かしてしまった！

私が本を読んだり、研修会に積極的に参加するようになったのは、初任の時に担任した学級で、随分苦労をしたことがきっかけでした。

何をやってもうまくいかず、学級もかなり危ない状況に陥ってしまったのですが、本や研修会で手に入れたネタや指導技術を試してみると、みるみる子どもたちの様子が変わっていき、少しずつ学級も落ち着いていったのです。

そして、経験を積み重ねていき、子どもたちは、私の指示に、素直に従うようになって、いつの間にか、私は学級経営で大きな苦労をすることもなくなり、自分の指導技術に根拠のない自信を持つようになりました。何か問題が起きたとしても、悪いのは子どもたちで、自分の指導方法は決して間違っていないんだ、とおごりを持つようになってしまっていました。

でも、ある年、崩壊学級を担任したことで、私のその自信が、ただの勘違いであったことが、明らかになりました。

その学級の中に、ノブという一人のやんちゃな男の子がいました。ノブは昨年、特に逸脱行為の目立っていた男の子でしたが、そんな彼が、私を教師として大きく成長させてくれたのです。

「ちゃんと、座りなさい！」

「授業中はしゃべったら、あかん！」

「何回言ったらわかるねん！」

授業中のノブは非常に私語や立ち歩きが多く、こんな風に、私は小言ばかり言っていました。でも、一向に落ち着く気配のないノブの様子を見て、ついイライラしてしまい、

「何回言わすねん！黙って、座って授業うけなさい！」

と、思わず、感情的に怒鳴ってしまい、私のこの言葉で、ノブもエキサイトしてしまい、

「うるさい！だまれや！しばくぞ！」

と、反抗的な態度をとって、暴れてしまい、教室から飛び出してしまうことが度々あり

ました。毎日こんなことが続くので、出勤をしている途中、車の中で、

「あー。今、大ケガしない程度に、事故を起こせたら、学校休めるのにな……。」

と考えたことも、一度や二度ではありませんでした。

ノブが毎日落ち着いて過ごしてくれるには、どうしたらいいのだろうか。私は毎日、そんなことばかり考えていました。

そしてある時、立ち歩きや私語が多いのであれば、いっそのこと思い切って、合法的に立ち歩きや私語を許可する活動主体の授業を試してみたらどうだろうか、といったことを考えるようになったのです。すると、この博打が大当たりして、このスタイルの授業を行った時は、積極的に友達と交流をし、前向きに学習するノブの姿が見られるようになったのです。さらに、ノブに指導すればする程、ノブが反抗的な態度をとるようになっていったので、指導の深追いをしない、といったことも意識するようにしました。これもうまくはまり、ノブとの関係が少しずつ、改善していきました。

このように、何度も力で押さえつける指導をしても、全く変わらなかったノブが、逆転の発想からの指導をしたことで、落ち着いていったのです。この経験から、子どもたちが問題行動を起こしてしまう原因は、教師にあるといったことに、改めて気付かされたので

す。

　また、それと同時に、自分の中での当たり前に縛られてしまうと、自分自身の教育観が狭くなり、いつの間にか、教育技術も偏ってしまうといったことにも気付かされたのです。

自分の気持ち次第で「気になる子ども」が気にならなくなった！

「気になる子ども」と言われて、先生方はどんな子どもをイメージしますか？
なかなか感情表現をしてくれない子ども、落ち着きのない子ども、忘れ物が多い子ども、このように様々な子どもをイメージするでしょう。

でも、その中でも、多くの先生方が、特に日常的に気を揉んでいる「気になる子ども」は、恐らく落ち着きのない子どもではないでしょうか。

私の小学校時代を思い返してみると、私も教師にとって、恐らく「気になる子ども」の1人だったと思います。

4年生だった私は、毎日のように、とにかく誰よりも目立ちたい、といった思いが非常に強く、どうすれば、皆の注目を浴びられるのか、どうすれば、担任の先生が自分のことを見てくれるのか、といったことばかりを考えていました。

　でも、空回りすることがほとんどで、感情を込めて、国語の教科書を音読した時も、

「そんな読み方は教えていません。ふざけるんだったら、後ろに立っていなさい。」

と、注意されたことも、一度や二度ではありませんでした。

　算数でも、ある文章問題で、自分の中でスゴい解き方を発見したと思って、みんなの前で意気揚々と発表した時も、

「こんなふざけた解き方、みんなは絶対にしてはいけませんよ。いいですか？」

と言われたりと、自分でよかれと思ってやっていたことだったのに、結局、みんなの前で怒られてしまう、といったことが毎日のように続き、友達からも少しずつバカにされるようになっていきました。

　私にとっては、決してふざけていたわけではなく、むしろ、一生懸命がんばっていたつもりでした。でも、担任の先生はふざけていると思い込んでしまっていたのです。自分の思いが、どうがんばっても、担任の先生にも友達にも全く伝わらなかったことが、寂しくて寂しくてたまりませんでした。

　つまり、

教師の思い込みが、子どもの心の中の本当の思いを見えなくさせてしまう

可能性があるのです。

私の担任の先生の例を出すと、音読は感情を込めてはならないもので、それにそぐわない子どもは、その先生の中で、「気になる子ども」になってしまうのです。そして、そういった思いを一度でも担任の先生が抱いてしまうと、「気になる子ども」の存在が、担任の先生にとって、大きなストレスとなってしまうのです。

また、その子どもが本当に「気になる子ども」なのかどうかも、実は非常に怪しいのです。それは、小さい頃の私のように、自分の思いをうまく伝えられず、担任の先生や友達の気をひくために、突拍子もない行動を起こしてしまっているかもしれないからです。

これらのことを意識するだけで、「気になる子ども」が、本当にダメなことをしているのか、本当は何に悩んでいるのか、といったことを考えるきっかけとなるのです。さらに、先生たちも、子どもが逸脱行為をしたとしても、実は、そんなに目くじらを立てて、焦って指導をしなくても大丈夫なんだ、といったことに気が付けるのではないでしょうか。

第2章

これでいいのだ！「開き直り」学級づくり

学級経営や授業は
下手でOK

クラスはガチャガチャしてていい

教師が、学級経営で苦しいと感じてしまう大きな原因は

学級が自分の思うようにコントロールできないと感じているから

なのです。だったら、

教師の思うようには、子どもたちも学級もコントロールできないものである

と割り切ってしまえば、少しは気持ちが楽になるのではないでしょうか。

教師になりたての頃の私は、教師の決めたルールを守っていない子どもたちには、厳しくビシっと叱らなければならないと考えていました。でも、叱れば叱るほど、子どもたち

との関係が悪化してしまい、少しずつ学級の状態も悪くなり、結局、その年、学級が立ち直ることはありませんでした。学級経営がうまくいかなかった原因が、私自身にまだまだ厳しさが足りなかったからだと、私は考えていました。

しかし、その考えが180度変わることになります。

それは数年前、ある学級を担任したことがきっかけでした。その学級は生徒指導の絶えない学級で、とにかく落ち着いて授業を受けることが著しく困難な学級でした。もちろん、そんな状態の学級なので、教師の決めたルールなんて守るわけもなく、反対に、厳しく指導をすると逆ギレされてしまう始末でした。そこで私は思い切って、

- ・注意はするが深追いしない
- ・ビシっとはさせ過ぎず、最低限のルールだけ守らせ、学級は崩れないようにする

この2点を意識して、学級経営を見直すことにしました。

これが功を奏して、その学級は多少ルーズな状態でしたが、ルールを著しく逸脱する子どももいなくなり、1年間で随分学級は落ち着きました。つまり、多少ガチャガチャしていても、最低限のルールを守らせていれば、学級は崩壊しないのです。

何が何でも、きちんとルールを守らせなければならないと思うと、子どもたちを叱ってばかりになり、結果的に学級の子どもたちとの関係が悪くなり、学級の雰囲気が悪くなってしまうことにつながってしまうのです。

だからこそ、多少ガチャガチャしてても大丈夫なんだと、教師が子どもの問題行動を受け流す余裕を持てば、子どもも学級も、ひいては教師も大崩れしてしまうことは防げるのでは、と私自身考えています。

学級経営や授業は
下手でOK

授業をうまくこなすより、子どもといっぱい遊んだ方がいい

「授業で学級づくりをするんだ！」

こう意気込む先生方も多いと思います。

でも、授業だけで学級づくりをすることはかなり難しいでしょう。それは、授業力は一朝一夕で身に付くものではないことからも明らかです。しかし、時間を掛けたりせずとも、学級づくりがうまくいくコツがあるのです。それは、

とにかく子どもたちといっぱい遊ぶこと

です。少し極端なことを言いますが、子どもたちが教師を好きになってさえくれれば、学級経営で失敗するリスクは格段に減ります。学級が崩壊する要因は確かに色々あるでし

ょう。

しかし、根底にあるのは、多かれ少なかれ担任のことが嫌いなのです。嫌いだから担任に反発するのです。好きな担任であれば、多少のヘマも笑って見逃してくれるでしょうし、下手な授業をしてもフォローをしてくれます。

だからこそ、色々な子どもたちと、教室で雑談をしたり、ゲームを一緒にしたり、運動場で鬼ごっこやドッジボールなどをしたりして、

遊びながらたくさん子どもたちとコミュニケーションをとり続けることが大切

なのです。

また、もしかすると、子どもたちの輪の中に入っていくことが、少し苦手だという先生方がおられるかもしれません。そういった時は、

自分の得意なことを活かして、子どもたちの輪の中に思い切って入ってみる

例えば、絵が得意な先生は絵で、ギターが得意な先生はギターで、といった形で自分の得意なものをうまく利用して、会話を広げることで、子どもたちの輪の中に入りやすくな

ります。その際、少しくらい白けても気にしません。とにかく、子どもたちといかに、たくさんのコミュニケーションをとれるかが大切なのです。

まず、

子どもたちと信頼関係を構築すること

それが全ての教育活動の出発点となるのです。

学級開きは
肩の力を抜いてOK

引き継ぎは聞くけど、いったん忘れてしまう

新年度が始まってすぐの頃……。

どんな学級開きをしようかな?

どんな学級にしようかな?

こんなことを考えながら、ワクワクして準備を進めている人も多いでしょう。

また、教室の掲示物を作ったり、百均に教室で必要なものを揃えに行く人もいるでしょう。それだけではなく、担任する子どもたちに合わせて、ワーク、ノート、ファイル、そしてテストの選定も行わなければなりません。

このように、新しい学級の船出の前は、様々な準備を進めていかなければならないのです。そしてもう1つ、決して忘れてはならない準備として、子どもたちの引き継ぎもあり

ます。でも、私は

引き継ぎを鵜呑みにしない

崩れてしまっていた学級では、昨年度問題があったとされる子どもたちの課題点をこと細かく引き継ぎされることでしょう。

もちろん、それを聞いて、その子どもたちへの対応策を練ることも大切です。

でも一方で、子どもたちが問題行動を起こす一つの要因として、教師の子どもたちへの関わり方のまずさや相性の悪さも考えられるのです。そしてさらに、教師と子どもたちの関係性が悪ければ悪いほど、主観が入ってしまい、その子どもの本質が見えにくくなってしまう恐れもあるのです。

つまり、問題行動を起こす子どもたちへの関わり方を見直せば、子どもたちの問題行動が減少する可能性もあり、もしかすると、実のところ、そんなに課題の多い子どもではなかったといったことも起こり得るのです。

ここから、引き継ぎを細かくすればするほど、問題行動を起こしてしまった子どもたちに対して、教師にとってやっかいな子どもであるといった負のイメージが教師自身に刷り込まれてしまう恐れがあるのです。そうなると、その子どもたちの悪い部分が、無意識に浮き上がって見えてきてしまい、なかなか子どもたちのよいところが見出しにくくなってしまうのです。

実際に、以前担任をしたＡＤＨＤの子どもに対して、離席や私語が多く、要注意だといった引き継ぎがあり、私自身もその子どもの悪い部分しか見えなくなってしまったことがありました。とにかく、その子どもばかりに目がいってしまい、少しでも私語や離席があれば、こと細かく注意をしていたのです。でも、その子どもは叱られることに慣れていて、全く指導が入らないどころか、私に対しても少しずつ悪態を突くようになっていきました。でも、たまたま授業中に、その子どもが離席をしているところに行ってみると、算数の問題をがんばって解こうとしていたのです。私は、がんばろうとしていた姿に、全く気付けていなかったのです。それは、昨年度の引き継ぎから、その子どもが、問題行動ばかり起こす問題児で、学習に意欲的に取り組むはずがないと、勝手に思い込んでしまっていたからです。

このことから、教師が必ず知っておかなければならない子どもの情報は、子どもの問題

行動ではなく、

発達に課題のある子どもたちがいるかどうか・いじめの有無
アレルギーの有無・家庭状況・学力の定着度合い

なのです。

そして、子どもたちが、どんな時にキラキラ輝けるのかといったことを、もっと知って、その部分を教師は全力で伸ばしてあげなければいけないのです。

だから、私は

子どもの引き継ぎの全てを鵜呑みにするのではなく、指導上留意しなければならないことと、その子どものよいところを把握して、子どもたちとの出会いに備える

ようにしています。

学級開きは
肩の力を抜いてOK

「黄金の三日間」がなかったら、叱らず、やり直し

黄金の三日間。

教育の世界ではあまりにも有名な言葉です。

黄金の三日間と言われる所以は、学級開きをしてからの最初の三日間は、子どもたちが教師の話を静かに聞き、また教師の指示もよく聞くので、ルールづくりが非常にしやすいとされているからです。

しかし、前年度荒れてしまった学級や、課題の多い学級では

黄金の三日間が存在しない

といったことも、実はあり得るのです。

今まで私は何度も、崩れてしまった学級や、課題の多い学級を担任してきましたが、それらの学級に共通していたのは、黄金の三日間なんてものは存在しなかったことです。もちろん、多少静かに教師の話を聞いてくれる学級もありましたが、教育書に書いてあるような黄金の三日間とは、似ても似つかないような状況でした。

では、そういった黄金の三日間が存在しない学級を担任した場合、一体どうすればいいのでしょうか?

以前、私はこんな学級と出会いました。

初日、私が教室に入ると、そこには衝撃の光景が広がっていました。

机の上に立って奇声を発している子ども、ロッカーに寝そべっている子ども、エスケープをして、すでに教室にいない子どもがいるなど、学級は全く落ち着きがない状況で、まさに騒乱状態でした。さらに、ガムを噛んでいる子どもも数名いて、教室の中は、何とも言えない甘い良い匂いが漂っていました。

今まで何度か崩れてしまった学級を受け持ってきたのですが、ここまでの状況は初めてだったので、私は少し面食らってしまいました。

まず、私はルールを守れていない子どもたちに、少し厳しめに指導を入れました。しかし、信頼関係がまだ構築されていない状況でもあったので、指導の深追いはしませんでした。

その後、何とかして、騒がしくしている子どもたちを全員席に座らせ、騒がしい状況のままでしたが、私は構わず、

「全員、起立!」

と大きい声で号令をかけました。予想どおり、ほぼ全員がダラっとしていたので、

「着席。もう少しピシっとやってみましょう。全員起立!」

と号令をかけると、さっきより、さっと起立できる子が増えたので、すかさず、

「いいね!敦志くんと正人くんのところ、さっきと全然違うやん。やる気がすごい!もう1回やってみよっか。着席。全員起立!」

すると、ほとんどの子がピシッと起立できるようになりました。そして、

「短時間にここまで変われるって、すごいことやで! みんなにはメリハリをつけられるようになってほしいなって、先生は思っています。この調子やったらめちゃくちゃいい学級になれそうやし、みんなも大きく成長できると思います。先生がみんなを全力でサポートするからね。」

と叱ることなく、手短に、できている子を大いにほめ、できていなければやり直しをさせ、教師が評価者であることを暗に子どもたちに伝え続けていきました。そういったことを地道に繰り返していく中で、子どもたちは、少しずつ落ち着いていきました。

黄金の三日間がないような状況下でスタートした時に、私が特に意識したことは

不適切な行動を徹底的になくすことに力を注ぐのではなく、子どもたちに教師を評価者として認識させることに力を注ぐ

といったことです。そうする理由は、学級が崩れてしまう要因として、

子どもたちが学級の中で安心感を感じていない

といったことが挙げられるからです。

だからこそ、まず、教師は学級内にルールを作り、行為の善悪の評価を明確に行う評価者となって、子どもたちの安心・安全を担保できる存在にならなければならないのです。

学級開きは
肩の力を抜いてOK

子どもの声は聞かない、教室のルールは教師が決める

荒れてしまった学級や課題の多い学級を担任した時、私はまず、

教師主体の管理的な指導を行います。

巷では、やれ子ども中心の学級経営をしなければならない、やれ子ども中心の授業をしなければならない、やれ子ども中心の……といった子どもが中心でなければならないといった声が溢れ返っています。

もちろん、その声には反対しようなんて、一切思っていません。

それは、教師が子どもの未来に向けての可能性を切り開く一助であるべきだと私も考えているからです。

では一体なぜ、子どもたちの自主性を伸ばすと言っておきながら、私が教師主体の管理的な指導が必要だと感じているのか。

繰り返しになりますが、「マズローの欲求五段階説」によると、人間の欲求は，五段階のピラミッドのようになっていて、底辺の生理的欲求から始まり、安全の欲求、社会的欲求、尊厳欲求、自己実現の欲求と順に上位の欲求となっていきます。そして、一段階目の欲求が満たされると、もう一段階上の欲求を志すようになるというものです。

荒れてしまった学級や課題の多い学級では、子どもたちの安心感が欠如してしまい、自己防衛として、互いに傷つけ合い、その結果、学級はルール無用の無秩序状態に陥ってしまうのです。つまり、学級の中での安心感を感じない状態で、自主性が生まれるはずがないのです。だからこそ、

子どもたちが自律して行動できるようにするためには、まず、教師は子どもたちに安心感を担保してあげなければならない

のです。そのために、

まず、明確なルールをきちんと作り、そのルールを守らせる管理的な指導が必要になってくる

のです。そして、

少しずつ、教師の管理的な側面を緩めていき、子どもたちの自主性に任せる割合を増やしていく。

このプロセスを経て、子どもたちは自律して動けるようになるのです。

最初から、子どもたちに学級の自治を任せることは、学級を崩してしまうリスクを高める恐れがあるのです。

学級開きは
肩の力を抜いてOK

問題行動を起こす子どもは甘やかす

甘え方を知らないから、たくさん甘やかしてあげるべき。

問題行動を起こす子どもであればある程、私はこのことを強く意識して、子どもたちと接するようにしています。

教師になりたての頃、私は子どもなんかに絶対に負けてたまるか、といった気持ちもあったので、ルールを破ったり、反抗してくる子どもがいれば、徹底的に力で押さえ込むことに全力を尽くしていました。

でも、ほとんどの子どもたちは、そういった指導をすると、より私に反抗的な態度をとるようになっていきました。では、一体その原因はどこにあったのでしょうか？

それは、反抗の質が変わってしまっていたからだと考えられるのです。

問題行動を起こす子どもたちは、注意をされても、わかったと素直には言えずに、死ね、ボケといった言葉を、つい反射的に吐いてしまったり、教師に悪態をついてしまうものなのです。こういった行動をとる子どもたちは、甘え方がわからないから、反抗といった形でしか自分をアピールすることができないのです。

だから、

学級がスタートしてすぐの状況下で、子どもたちが教師に反抗的な態度をとってきたとしても、あまり気にする必要はない

のです。どんっと受け止めて、指導の深追いはせずに、ダメなことはダメだと、ビシッと短く叱るだけにする。そういった子どもたちは叱るよりも、たくさんしゃべり、たくさん遊んで、一緒に笑い合うことの方が大切なのです。

でも、挑戦的な態度で、教師にケンカを売ってきているのだと、勘違いをして厳しい指導を続けてしまうと、問題行動を起こす子どもたちは自分の思いをわかってもらえないといった不満が溜まっていきます。そして、少しずつ教師に対して、憎しみに近い感情を持

つようになり、徹底的に反抗してくるようになってしまうのです。憎しみの感情を持つと、生徒指導は一気に難しくなってしまいます。

私の生徒指導の失敗が、まさにここに原因があったのです。つまり、

4月当初のやんちゃな子どもたちの反抗は、どれだけ自分を受け止めてくれるかを確かめている。しかし、受け止めてくれないと子どもたちが感じてしまうと、憎しみの感情を持った反抗へと、反抗の質が変容してしまう

のです。

ここを理解することが、学級を崩さないための大きなポイントとなるのです。

学級開きは
肩の力を抜いてOK

理科の実験はやらせない

崩れてしまった学級でも、特に、やんちゃな子どもたちやＡＤＨＤの子どもたちが多く在籍している場合、４月、５月の間は

理科の実験は演示実験にして、子どもたちには実験をさせない

ようにしています。その理由は、

やんちゃな子どもたちやADHDの子どもたちは、担任が変わったからといって、すぐにルールを守れるようにはなかなかなれない

からです。

特に理科の実験の際、ガスマッチやライターなど、命に関わるようなものを取り扱うことも多く、単に「ルールを守れませんでした」では済まされない事態が起こりかねない危険性があるのです。

実際に、私が以前担任をした学級でも、やんちゃな子どもたちがマッチを持って帰ろうとしたのをすんでのところで止めたこともありました。

こういった時、どう対応すればよかったのかを、先輩教師に相談すると、

「実験させへんっていうのも、一つの手やで。まず、子どもがケガすることだけは絶対に避けないとダメで、それが保障できないんだったら、実験させない方がいいと思うよ。」

そのアドバイスで私は、

実験ありきで授業を進めていて、子どもの安全といった、教育において一番大切なことがすっぽり抜け落ちてしまっていた

ことに、初めて気が付いたのです。

もちろん、子どもたちが夢中で実験に取り組むようになるスキルを教師が持っているのであれば、何とかなるかもしれません。でも、実際はなかなか難しいのが現実でしょう。

さらに、

崩れた学級を立て直すには、まず子どもたちとの信頼関係をいかに構築できるか

がポイントとなります。子どもに実験をさせずに、演示実験をすることで、指導しなければならない場面を意図的に減らすこともできるのです。

だからこそ、子どもたちが育ってきて、ルールがある程度守れるようになるまでは、子どもたちに実験をさせないといったことも、時として必要なのです。

学級開きは
肩の力を抜いてOK

「朝の会」「終わりの会」「日直」をやめてしまう

朝の会や終わりの会は何のためにするのか？

日直って、本当に必要なのか？

多くの先生方は、恐らく、自分の小学校時代の記憶をもとに、なんとなく朝の会や終わりの会をしたり、子どもたちに日直をさせているのではないでしょうか？


そもそも、なぜさせているのか、といった意味や理由をきちんと答えられないのであれば、朝の会も終わりの会も日直もやらなくてもいい

と考えています。

現在の私は、朝の会も、終わりの会も、日直もしていません。その理由は、今の私の学級経営においては、それらが必要ないと判断しているからです。

以前の私は何も考えず、朝の会、終わりの会、日直は当たり前にするものだと思い込んでいました。そんな思いで実践をしていたので、少しずつ形骸化し、惰性的になってしまい、その結果、子どもたちもダレてしまい、どうしても指導せざるを得ない場面が増えていきました。

また、やっかいなことに、この指導が、何の実りももたらさない、事後処理の指導になってしまっていたこともあり、子どもたちとの関係も少しずつギクシャクしていったのでした。そこで、私は思い切って、朝の会、終わりの会、日直を全部なくしてみることにしました。すると、この選択が功を奏して、指導しなければならない場面がぐんと減り、学級の状態が少しずつ回復していったのです。

このことから、今は、朝の会や終わりの会で、健康観察や連絡事項の伝達はしていますが、それ以外のことは全くしていません。

朝はすぐに授業を始め、授業が終わったら、連絡事項を伝え、すぐに子どもたちを帰らせています。同じように、日直もやっていませんが、一人一役の係を決めることで、何の問題も出てきていません。

もちろん、

子どもたちにどんな力を身に付けるか、明確なビジョンがある人は、朝の会や終わりの会、日直制度を敷けばよい

と思いますが、

深い意味もなく、何となく惰性的に、朝の会や終わりの会、日直制度を敷いているのであれば、潔くやめてみる

ことも有効なのです。

学級開きは
肩の力を抜いてOK

まずはテストで100点をとらせてノセる

自分に自信がない

やんちゃな子どもたちや発達に課題を持っている子どもたちに共通していることは、ということです。

自分に自信がないので、失敗するのが嫌だったり、自信のなさを隠すために、友達や教師に悪態をついたり、学習に意欲的に取り組まなくなってしまうのです。

逆に言うと、そういった子どもたちに自信を持たせることができると、一気に問題行動を減らすことも可能となります。

そこで、私は子どもたちに自信を持たせるために、

学級がスタートしてから、なるべく早い段階で、テストで100点をとらせる

ことに全力を尽くします。

その際、有効なのが、次の3つの指導です。

①クイズ形式で、テスト勉強をさせる

これは、山口県の中村健一先生の実践を参考にさせてもらいました。

テストを事前に確認し、テストに出ている問題を参考にして作問をします。そして、その問題をクイズ形式にして、班ごとに競わせます。班ごとに競わせるのは、学力の低い子であっても、勝つチャンスが生まれるからです。その後に、クイズ問題をもとにしたプレテストを行います。

このクイズ形式でのテスト勉強が有効なのは、社会と理科です。

②塾的な一斉指導を行う

この指導が一番効果的に働くのが国語です。

小学校の国語のテストは、問題文も短く、問題の読み取りの反復練習をすれば、かなりの確率で高得点がとれるようになるからです。

例えば、

・傍線部の周辺に答えが必ずある。

・問題文と同じ言葉や、似ている言葉に注目する。

といったコツを、塾のように一斉指導で伝え、それをもとに、国語の読解問題の反復練習をさせることが非常に有効に働くのです。

③テストにヒントを書いておく

学力がかなり低い子どもには、先ほどの2つの指導では点数が思うように伸びないことも考えられます。その時は、思い切ってテストにヒントをあらかじめ書いておくことも有効です。

ただしこの実践をする際には、子どものプライドが傷つかないように配慮をしたり、なぜヒントを書いているテストを受けなければならないのかといったことを、子どもに納得させることが非常に大切です。そういったことを意識しなければ、この実践を行うことで、逆に子どものやる気をそいでしまうことにもつながりかねないので、注意が必要です。

一方、こういった実践をした時に、評価や授業の進度のことも気になると思います。評価や授業の進度は学年で相談をして、学年間で大きな差異が生まれないように留意をします。でも、学級が始まってすぐの段階では、私は子どもを評価することよりも、子どもの学びのスイッチを入れることを優先したいと考えています。

4月に多少進度が遅くなったとしても、子どもたちに学びのスイッチが入れば、自然と授業の進度も上がってきますので、最初の段階での授業の遅れはあまり気にはしません。子どもの学びのスイッチ、やる気のスイッチを入れることが、荒れてしまった学級を劇的に変える一つのキーポイントとなります。

そのスイッチを入れるために、テストで子どもたちに100点という薬を与えてあげることが非常に有効な手立ての一つとなるのです。

教室環境はキチンとしていなくてOK

教室にモノを置かない

荒れた学級を担任した時の4月、私の教室には驚くほど何もありません。

その理由が

叱るタネをまかない

ということを意識しているからです。

置き傘を置いたら、その傘を使ってちゃんばらを、チョークがあれば、チョークで落書きをするかもしれませんし、ボールがあれば、教室でドッジボールやサッカーが始まるかもしれません。教師の私物であっても、勝手にさわられてしまうことも、大いにあり得るのです。もちろん、こういった時は、子どもたちにきちんと指導をしなければなりません。

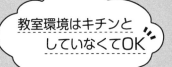

つまり、

教室にモノが多ければ、指導しなければならない場面も多く生まれる。

でも、荒れている学級の子どもたちは叱られ続けている子どもも多く、心が冷えきっていて、担任に強い不信感を持っています。そんな状況下で、学級が始まってすぐに、厳しい指導を入れることはかえって逆効果になるのです。荒れた学級を担任した時に、真っ先に教師がするべきことは、

子どもたちと信頼関係を構築すること

だから、荒れた学級を担任した時の4月の教室には、何も置かず、意図的に指導する場面を減らすこと、つまり、指導のタネをまかないことも大切なのです。

教室環境はキチンとしていなくてOK

美しさもかざりも教室掲示にはいらない

先ほど、荒れた学級を担任した際、学級がスタートしてすぐの時期はできるだけ指導のタネをまかない方がよく、教室にはモノを置かないことが有効であると書かせてもらいました。私はそれに加えて

教室掲示をシンプルにする

ことも意識しています。

例えば、給食当番表や掃除当番表には、円盤型やマグネット式など様々なバリエーションがあります。しかし、ツッパリ君や発達に課題を有する子どもが多く在籍している学級では、それを使って遊んだり、いたずらすることもあるのです。また、あまりにも派手な

装飾をすると、そこに目がいってしまい、集中が切れてしまうこともあります。

以前、私が担任をした学級でも、何人かの子どもたちが、何度も円盤型の当番表をルーレット代わりにして遊んでいました。もちろん、当番表で遊ぶ度に子どもたちに何度も厳しく指導を行っていたのですが、まるでもぐら叩きのような、あまり意味のなさない事後指導になってしまい、結局、子どもたちとの関係がギクシャクしただけでした。その後、当番表を印刷して掲示することにしました。すると、子どもたちを叱らなければならない場面がかなり減少しました。また、発達に課題を有する子は派手な掲示物に目を奪われ、集中が切れてしまうことも多く、その度に注意をする必要性が出てきます。

何度も言いますが、学級が始まってすぐは

子どもたちと信頼関係を構築することに力を注いだ方いい。

子どもたちとの信頼関係がなければ、子どもたちはルールを守ろうとしません。だからこそ、掲示物もシンプルにし、指導する場面を意図的に減らしていくことが有効なのです。

子どもはきれいにそうじができなくてもいい

子どもはきれいにそうじができなくてもいい

と私は考えています。その理由は、

そうじは子どもたちの人格形成のための1つのツールであり、きれいにそうじさせることが目的ではない

と考えているからです。

ただ、そうは言っても、全くそうじができなくてもいいとは考えていません。

4月には、子どもたちに、ほうきの使い方、ぞうきんがけの方法、各そうじ場所でのそ

うじの手順などは細かく指導を行います。その上で、

そうじは、自分自身を鍛えるためにするものであり、そのために、そうじの時間はしゃべらず、友達と協力し合って、一生懸命がんばらなければならない。

といったことを伝えます。

最初は、そうじをさぼっている子どもがいると、すぐに、

「先生。裕介君が、またそうじをさぼって遊んでいます……。」

といったような声が出てくるのですが、その度に、

「そうじは、自分を鍛えるもので、裕介君はその大切な時間をムダに過ごしてるねん。だから、あきら君は裕介君のこと気にせんと、そうじがんばっててね。裕介君には先生から話をしておきます。」

といったことを、子どもたちに伝え続けていくことで、少しずつそういった声が出て来なくなってきます。

一方、そうじの時間にさぼって、遊んでいる子には、そうじをすることの意味を根気よく伝え続けていきます。学級の中で、そうじは一生懸命するんだといった雰囲気が生まれ

てくると、そういった子どもたちも自然とそうじをするようになっていきます。

そうじがきれいにできているかどうかといったことも、もちろん大切です。

でも、それだけではなく、子どもたちがどれだけ手抜きをせずに、一生懸命そうじに取り組めていたか、友達が困っている時に、すぐに助けに行ってあげられているか、といった観点から、そうじを見ることも大切なのです。

教室環境はキチンとしていなくてOK

教師がそうじをする

今までに、荒れてしまった学級を何度か担任してきましたが、それら全ての教室に共通することがありました。それは

教室が汚い

ということです。

放課後、子どもたちが帰った後の教室を見ると、床にゴミが落ちていたり、机やイスも雑然となっていたり、子どもたちの机の上やロッカーの上には物が散乱したりと、なぜこんなにもすぐ教室が汚くなるのか、理解に苦しみました。

では、一体なぜ荒れてしまった学級の教室は汚いのでしょうか？

そのヒントはアメリカの心理学者ジョージ＝ケリング氏が提唱した、「割れ窓理論」にあります。「割れ窓理論」とは、建物の窓が壊れているのを放置すると、誰も注意を払っていないという象徴になり、やがて他の窓も壊されていってしまう。つまり、小さな割れ窓を放っておくと、やがて大きな荒れを招いてしまう、という犯罪理論のことです。

子どもたちが帰った後、毎日そうじをし続けていくことで、少しずつですが、子どもたちが落ち着いていき、それと比例して教室もきれいになっていきました。もちろん、そうじだけで子どもたちが落ち着いたとは言い切れませんが、少なからず、そうじを毎日し続けたことも落ち着いた一因として挙げられるでしょう。

「汚い教室」が常態化すると、少しくらいゴミを捨ててもいいかな、といった子どもたちの気持ちのゆるみを生んでしまい、結果、日常生活全てにおいてルーズになってしまい、それが荒れにつながってしまうのです。

だからこそ、その負の連鎖を断ち切るためにも、教師が毎日そうじをして、教室をきれいにして、子どもたちの小さなゆるみを取り除いていくことが大切なのです。荒れてしまっている場合、まずは小さなゆるみから正していくことがとても有効なのです。

保護者には誤解だけされなければOK

保護者に問題行動を逐一電話しない

卒業式が終わって一息ついていると、やんちゃなことばかりしていた男の子の保護者に呼び止められ、

「先生、一年間ありがとうございました。先生が担任になってからは、私自身もずいぶん気持ちが楽になりました。」

私は深く考えずに

「えっ?何でですか?」

と聞き返すと、その保護者は笑みを浮かべながら

「去年まで毎日のように学校から電話がかかってきてたので、心配と不安とで、ずっと家でもドキドキしてたんです……。」

私は返す言葉が見つからず
「そうだったんですね……。」
と一言だけ伝えると
「学校からの連絡って、悪いことばっかりだったんです。しかも、なんだか私自身が否定されてる気がして……。でも、先生はそんなことなかったので、去年よりすごく気持ちが楽になりました。」
と胸の内を語ってくれたのでした。
この一連の会話から

子どものことで困っているのは教師だけでなく保護者も一緒である

ということに、その時初めて気が付きました。

そこへ、追い打ちをかけるように指導の事後報告の電話を逐一すると、保護者の心の中の、今年こそ変わってくれるかも、といった淡い期待を崩してしまうのです。特に高学年のやんちゃな子どもの保護者であれば、教師からの同じような小言はもう聞き飽きているはずです。そして、今年の担任も結局今までと一緒かと失望し、最終的には担任の指導力がないのでは、と担任への不信感をつのらせてしまう恐れすらあるのです。

それからの私は

生徒指導上の問題を逐一電話しない

ということを意識するようになりました。もちろん、相手にケガをさせた時などは例外とします。

教師としては、子どもをよくするために、親には真実を知らせようとする気持ちもわかるのですが、この善意が完全に裏目に出て、教師の意図が伝わらずに、保護者との関係を悪化させてしまうこともあるのです。

子どもをまっすぐ育てていくには、保護者の気持ちも鑑みながら、一緒に手を取り合っていかなければならないのです。

保護者には誤解だけされなければOK

叱ることだけは事前に予告しておく

もう、我慢の限界。落ち着きのない子どもを厳しく指導しなければならない。でもその子の保護者とあまりうまくいっていないこともあり、厳しく指導することに少し迷いがある。そんな時に大きな効果を発揮するのが

厳しく叱る時は事前に指導内容を伝える

ということです。

ある日の授業中でのこと、私はこんな失敗をしてしまいました。

以前から私語が目立っていた翼君に、声を荒げて

「翼君、今は静かにノートをとる時間やろ?しゃべりすぎやぞ。」

と非常に厳しい指導をしました。

その指導のあと、翼君は別人のようにおとなしく一生懸命がんばっていました。しかし、その日の放課後に翼君の保護者から電話がかかってきたのです。

「うちの息子が学校にもう行きたくないと言ってるんですが……。」

私はまさかそんな電話がかかってくるなんて夢にも思っていませんでした。しかし、よくよく話を聞いてみると、

叱る内容が保護者に食い違って伝わっていた。

つまり、翼君は叱られたことに関して、自分の都合のいいようにしか親に伝えていなかったのです。

このことを防ぐために、前もって保護者に電話をかけます。

「最近、翼君の私語が目立ってきています。ノートもあまりとっていないので、今週どこかの時間で厳しく指導させてもらいます。指導したらすぐに連絡しますので、その時は翼君のフォローをしてあげてください。」

と事前に指導する内容を伝えるのです。

こうすると、教師が感情的に怒っていないということと、子どもをよく見ているということも保護者に伝わります。

保護者との関係が悪化してしまう大きな原因は、教師の意図がうまく伝わっていないことなのです。だから、そのことを未然に防ぐことが大切なのです。せっかく、その子のためだと思って指導したことが裏目に出てしまい、結果、保護者とうまくいかなくなってしまっては元も子もありません。だからこそ、指導する内容を事前に保護者に伝えてしまうことも、時には大切なのです。

第3章

頑張らない！トラブル「やりすごし」法

荒れたクラスでは
いろいろスルーしてOK

反抗的な子どもは相手にしない

「えらそうなものの言い方をするな。誰に向かって口聞いてんねん！」

教師の指導に反抗的な態度をとってきたら、恐らく多くの人がこのように厳しく指導するでしょう。私も以前まで、反抗的な態度をとってきた子どもには、このような指導をしてきましたが、今はしていません。むしろ、全く逆の指導を行っています。

子どもが反抗的な態度をとってきた時は、厳しく感情的な指導をしない。

ある日の授業中のこと。宏祐君と真史君が教室でキャッチボールをしていました。その様子を見て、私は少し感情的になり

「おい。今授業中やろ?ボールを片付けなさい。」

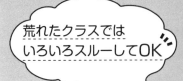

と言うと、すかさず宏祐君が
「先生！教室でキャッチボールしたらダメっていうルールがあるんですかぁ〜？俺、頭悪いから一から百までわかりやすく教えてくれませんかぁ〜？」
とまるで見下したように、ニヤニヤしながら言い返してきました。そこで、私は
「みんなの迷惑になるやろ？」
と言うと、間髪入れず
「今、俺らのこと迷惑やと思った奴、手あげてー。」
この問いかけに学級の子どもたちは誰も反応しませんでした。宏祐君は勝ち誇った顔で
「これでどっちが正しいか、わかりましたよね？だれも迷惑やと思ってないみたいですよ。」
と私に言ってきました。ここで私の堪忍袋の緒が切れてしまい、
「授業中にキャッチボールをしたらあかんってことは当たり前のことや。屁理屈言ってえらそうに言うな。」
と怒鳴り散らしました。すると、宏祐君は机を蹴って、教室を飛び出していきました。
このことからわかったことは、

反抗的な態度をとってきた時に、たとえ正論であっても、厳しい指導はあまり意味をなさない。むしろ、事態をより悪化させてしまうことにつながってしまう。

一方、反抗的な態度をとってきた子どもに、声を荒げる等の力で押さえつける指導をして、子どもがおとなしくなった。これは指導としては成功なのでしょうか。

以前、このような指導をして反抗的な子どもがおとなしくなったことがありました。しかし、それは指導したその時だけで、徐々に私に対して反抗的な態度が目に見えて増えていきました。問題を起こした子どもを力で押さえ込むと、指導された子どもは教師に対して少しずつ不満がたまっていきます。学級の子どもたちもそのやりとりを見て辟易し、負の感情がたまっていきます。また、厳しい指導をして、万が一子どもに負かされてしまうことにでもなれば、教師の権威がたちまち失墜し、学級の状態が一気に悪化してしまうのは明らかでしょう。

では、反発してきてもスルーするとは一体どういうことなのでしょうか。

以前、授業中に宏祐君がロッカーの上で寝ていました。その様子を見て

「宏祐君。今授業中やろ?自分の席に戻って、みんなと一緒に勉強しよっか。」

と言うと、宏祐君はムッとして
「だまれ。俺の勝手やろ。そんなこと言われる筋合いないしな。」
腹が立つのをぐっとこらえて
「授業中にロッカーで寝ることはあかんと思うで。先生、宏祐君やったらこの問題、楽勝に解けると思ってんけどな〜。」
とだけ伝え、あとはスルーしました。時間はかかりましたが、このような指導を粘り強く続け、宏祐君は一年で随分落ち着きました。

このように子どもが教師の指導に反発してきた時は

その場で一度だけ短く指導をして、あとは深追いせずに、スルーする。

そして、クールダウンした後に、一体何がダメだったのかを端的に伝え、少しでも頑張りが見られるようになればほめる。これらのことを日々粘り強く繰り返していくことが大切なのです。

荒れたクラスでは
いろいろスルーしてOK

子どもがエスケープをしても気にしない

荒れた学級を担任すると、授業時間だろうとお構いなしに教室を飛び出してしまう子ども、エスケープをする子どもがいます。

以前の私にとって、子どもがエスケープをするなんて絶対に許せないことでした。他の先生の目もあるし、なによりも、学級の子どもたちに、示しがつかないと思っていたからです。だから、何が何でもその子どもを教室に引き戻そうと、度々授業を中断させていました。でも、今の私は

エスケープをしても相手にしない。

ということを意識しています。その理由は、

無理矢理連れ戻す指導をしても、エスケープが改善されることは少なく、むしろ授業時間が削れてしまい、空白の時間が生まれ、逆に他の子どもたちが浮つき、学級の状態がどんどん悪くなっていくから。

実はエスケープをする子どもたちは、担任の先生に自分をアピールしていることが非常に多いのです。だから、エスケープをしても担任の先生にかまってもらえない、といったことを学習させることも大切なのです。

そして、なぜ、エスケープをしたらダメなのかといったことを丁寧に伝え続けたり、授業の導入にゲーム的要素を加えたりして、授業に参加しようとする意欲を地道に上げていくことで、少しずつエスケープの回数は減っていきます。そもそも、エスケープする子どもを担任1人で対応するなんて無理があるのです。だからこそ、エスケープする子どもを意図的にスルーし、他の先生にも対応をお願いする。そして、自分は自らの学級の授業を大切にする。そうすることで、学級の大崩れを防ぐことにつながっていくのです。

荒れたクラスでは
いろいろスルーしてOK

参加したがらない子は無理にやらせない

子どもたちが学級会で決めたイベントを始めようとしている時、

「私、そんなんしたくないし。」

と、ふてくされてしまう子がいる。

こんな時、みなさんなら、どうされますか。

私は無理に参加させません。その理由が

参加を渋っている子どもを無理に参加させようとしても、何も良い結果を生み出さない可能性が高いから。

もちろん、最初はイベントに参加するように促します。それは、ただ入るタイミングを逃してしまっただけの可能性もあるからです。でも、それでも参加を渋っているのに、教師が無理矢理参加させようとすると、どうしても間延びしてしまいます。すると、子どもたちからはこんな声が出てきます。

「はよしろやー。あいつ、いっつもあんなんやし、ほっといたらええねん。」

こんな風に、参加しない子どもに、心ない言葉が浴びせられ、余計に参加しづらくなってしまいます。せっかくクラスの仲を深めるためにしているはずのイベントが、クラスの雰囲気を悪くしてしまうのです。だから、参加を渋っている子がいる時は、

気持ちだけ参加しなさい。でも、雰囲気を悪くするような発言だけは禁止だよ。

と、だけ伝えます。そうすることで学級の雰囲気も悪くならず、参加しない子も責められずに済みます。

ギスギスした雰囲気では、良好な人間関係は絶対に育まれません。

荒れたクラスでは
いろいろスルーしてOK

ケンカを止めない、させておく

ケンカ大いに結構！

私は、ケガにつながったり、いじめの可能性があるケンカ以外、子どもたちのケンカを止めることはしません。それは

ケンカも立派な教材だから。

でも、昔の私は、ケンカをそんな風に考えることができずに、いかにケンカを止めさせるか、といったことばかりを考えていました。

私の学級で以前、

「お前なんか死んだらええねん。」

「お前、調子乗ってたらしばくぞ。」

と子どもたちが汚い言葉を吐き合い、そして、大きなケンカにつながり、実際に手を出してしまって、子どもに怪我をさせてしまったことがありました。

また、教師の見えないところ、陰でお互いの悪口を言い合っていた子どももいました。

この当時の私は、ケンカが起きると、ケンカの理由を聞いた後、暑苦しい私の思いを伝え、お互いに謝りなさいといった指導をして、悦に浸って自己満足していました。現在の私はこういった指導はしません。

ケンカは必ず起きるものです。だから、ケンカが起きたからといって焦る必要もないのです。まず、子どもたちのケンカの理由をゆっくり丁寧に聞き、謝ることは負けではないことを理解させます。もしここで、教師が丁寧に話を聞かなければ、教師に何を言っても一緒だという思いを子どもが持ってしまい、子どもが悩みや不満を持ったとしても、教師に何も言わなくなってしまう可能性もあるので気をつけています。

事情を聞いた後、相手の気持ちを想像し、どうすればケンカにならなかったのかをゆっくり考えさせ、相手を思いやる心を育てていくようにします。

ケンカ指導をする際に、気をつけなければいけないことは、

教師は介入しないが、評価はする。

原則、指導の際には、教師の介入は避けます。子どもたちでどうすればよかったのかを考えさせ、言葉にして言わせることが大切だからです。ただし、一部例外として、ADHDやASDの子どもたちは、他者理解の力が弱いので、丁寧に教師が状況説明をして、どのような行動をとればよかったのかを、具体的に教える必要があります。

そして最後に、教師として子どもたちの行動がどうだったのかを評価します。ケンカも教材として私は考えているので、あくまで教師は評価者として、子どもたちがまっすぐ育つように導かなければならないからです。すぐには、子どもたちは変わりません。

粘り強く、何度も何度も、こういった指導を続けていかなければならないのです。時に子どもたちは同じことを繰り返し、私たちの気持ちが折れそうになることもあるでしょう。

でも、子どもたちが育ってくると、ケンカが起きそうになっても、「まっ、いっか。」と笑いで済ませられるようになり、ケンカが劇的に減っていきます。

荒れたクラスでは
いろいろスルーしてOK

忘れ物はさせておく

そもそも、子どもたちが忘れ物をしたことに関して、そこまで厳しく指導をしなければいけないことなのでしょうか？

「何回言ったらわかるんだ！」

「周りの友達に迷惑をかけてるってことわからないのか!?」

「次、忘れたら家に連絡するからな！」

と、このように声を荒げて、忘れ物をした子どもに、厳しく指導をする先生も多いでしょう。もしかすると、忘れ物チェックシートを使い、一定数忘れ物をするとペナルティーを課す、といった先生もいるかもしれません。

もちろん、こういった指導で、子どもたちの忘れ物が減ったという先生もおられるでしょう。でも、一方で、そういった力で押さえつける指導をしたとして、子どもたちに一体どんな力が身に付いているのでしょうか。これでは、

教師が怖いからきちんとする、といった子どもを育ててしまっている

こういった子どもは、先生が変わると、また元の状態、忘れ物をしてしまう状態に戻ってしまうだけでなく、人の顔色を見て行動するようにもなってしまいます。

さらに、発達障害の子どもたちや、やんちゃな子どもたちにはいくら厳しく指導をしたところで、あまり効果がない可能性も高いのです。

特に、ＡＤＨＤの子どもたちは、多少の個人差があったとしても、教師が熱心に忘れ物指導をしたところで、根本的に忘れ物が減るといったことは難しいとされています。

また、やんちゃな子どもたちも、家庭環境が教師の想像以上に厳しい状況にあり、忘れ物をどうしてもしてしまう状況になっているのかもしれないのです。

つまり、

力で押さえつけるような忘れ物指導をしても、あまり効果がない

のです。

さらに、荒れてしまっている学級では、少しでも力で押さえつけるような指導をしてしまうと、子どもたちの不満が爆発してしまい、その矛先が教師に向けられることも少なくありません。そういった面から考えても、力で押さえつけるような指導をしてしまうことは、デメリットが多いのです。

だから、私は思い切って

子どもが忘れ物をしても、あまり気にしない

ようにしました。

つまり、忘れ物をしてしまったという結果に指導のコストをかけるのではなく、どのようにすれば、忘れ物をしないようにできたのか、忘れ物をした時、どのように対応すべきだったのか、といったことを考えさせる指導に重点を置きました。

こうすることで、なんら生産性のない、もぐら叩きのような指導ではなく、社会へ出た

時に、困らないような力を育成する指導につながっていくのです。

また、どうしても忘れ物をしてしまう子どもたちも一定数いるので、そういった子どもたちには、忘れ物をした時のために、えんぴつ、定規、コンパス、ノートの代わりになる紙等々を用意するといったフォローも大切にしています。それは、忘れ物をしたからといって、彼らの学ぶ権利を奪ってしまうことは、たとえ、教師であってもしてはいけないことではないかと考えているからです。

私は決して、子どもたちが忘れ物をすることを認めているわけではありません。でも、子どもたちが忘れ物をしてしまったことを叱るのではなく、子どもたちが忘れ物をした時にどうすればよいのかを、考えさせることの方が大切だと思っているのです。

だから、私は誰がどれくらい忘れ物をしたのかといったことは、あまり気にしていないのです。

荒れたクラスでは
いろいろスルーしてOK

宿題忘れは叱らない

「忘れ物はさせておく」のところでも書かせてもらった通り、忘れ物をどうしてもしてしまう家庭環境にある子どもたちが一定数いると書かせてもらいました。そういった子どもたちは宿題もなかなかやって来られないのです。

さらにやっかいなのが、そういった放任されてしまっている子どもたちの多くが、家庭学習の積み重ねがほとんどないことから、学習に遅れがあり、また、我慢することが苦手で、いかにしてさぼり、楽な道に逃げられるかといったことを考えているのです。

また、放任はしていないが、家で宿題をしろと言うと、子どものスイッチが入って暴れてしまい、手が付けられないような状況になり、親もお手上げだといった家庭もあります。

こういった子どもたちは放っておくと、一切宿題をしてきません。

そして、宿題をしてこないことを叱ったところで、何らプラスにはならず、逆に子どもたちとの関係性を悪化させてしまうだけなのです。さらに、荒れてしまった学級では、少しでも子どもたちとの関係が悪くなってしまうと、学級経営が非常に難しくなってしまうといったこともあります。

でも、そうは言っても、何とかして子どもたちには宿題はさせなければなりません。

そんな時に有効な手が

宿題を学校でしてもよい

ということです。

ただし、気をつけなければいけないのが

学校で宿題をすることが、子どもたちにペナルティーだと感じさせないこと。

子どもたちに、前日の宿題をさせたり、休み時間や放課後の時間を使って、宿題をさせることは子どもたちからすると、ペナルティーに感じてしまうのです。それは、前日の宿題をしても、子どもたちにとって何のメリットもないですし、休み時間や放課後の時間を削られることも子どもたちにとったら、デメリットでしかないのです。

一方で、授業のすきま時間や給食が早く食べ終わったら、その日の宿題を先にしても構わないよ、と伝えると、子どもたちは先程とは全く違った反応を示し、宿題に取り組みます。その理由は、子どもたちにとって、その日の宿題が減り、また、休み時間を削られるわけでもないので、ペナルティー感を全く感じず、むしろ、ラッキーと思うでしょう。

つまり、学校で宿題をさせるにしても、ペナルティー感を感じさせてしまうと、

宿題は面倒くさいものだと感じ、余計に宿題に取り組まなくなってしまう

恐れが出てくるので、注意をしなくてはなりません。

でも、家庭で宿題をしてこなくても、学校で宿題をさせてあげられれば、家庭環境に課題のある子であっても、学びの保障をしてあげることが可能となるのです。

荒れたクラスでは
いろいろスルーしてOK

高学年女子がグループ化しても放っておく

教師の中で、こういったことを言う人がいます。

「教師や、周りの友達に悪影響を及ぼすような、女子のグループは解体させた方がいい。」

「グループのリーダーが、そのグループのメンバーに悪影響を及ぼしてしまっている場合も、グループを解体させた方がメンバーのためになる。」

確かに一理あるでしょう。でも、私は

女子のグループ化は悪いことではない

と考えています。

そもそも、グループ化は必ず起こることなのです。

子どもたちは中学年くらいから、ギャングエイジと呼ばれる発達段階に入ってきます。この時期に入ると、保護者や教師よりも友達を大切にするようになり、数人の友達とグループを組んで、一緒に行動するようになってくるのです。

現に、高学年の子どもたちは、学校生活で何よりもみんなと仲良くやっていきたいと考えている、といったデータもあります。

さらに、子どもが自立する際の、助っ人として大きな役割を果たすのも友達で、年齢が上がれば、困った時の相談相手は親ではなく、教師でもなく、友達になっていくのです。友達が親身に相談にのって、励ましながらアドバイスをし、そこで勇気づけられ、困難な状況も乗り越えられるようになっていくのです。でもそれが、どのタイミングで、誰から、どんなアドバイスをもらえるのか、といったことは、もちろん、わかるはずもありません。

つまり、教師の一方的な思い込みで、グループの解体を進めていくのは、ナンセンスなのです。それがたとえ、子どもたちの話をしっかり聞いた上で、グループの解体を進めたとしてもです。教師は全知全能の神ではないですし、子どもたちの世界を全て理解することは不可能で、グループ内での人間関係も、一側面でしか見れていない可能性だって、否定できないのです。また、教師の思いが先行している形で、自らが所属するグループを奪われた子どもたちは、教師に不信感しか抱かないでしょう。

実際に、私が2年目で5年生の担任をした時に、このことがわかっていなくて、手痛い失敗をしたことがありました。

ある女の子たちのグループが、どうにもあまり良い雰囲気を出していなかったので、厳しく注意をしました。しかし、一向に態度を改めなかったので、そのグループの女の子たちに
「お前ら、ずっと一緒にいてるけど、あんまりいい雰囲気出してないし、お互いのために1回別のグループの女の子たちと付き合った方がいいんちゃうか？」

といったことを伝えました。すると、

「なんで、先生にそんなこと決められなあかんの？」

と言われ、その後、あからさまに私のことを避けるようになり、非常にその女の子たちとの関係が悪化してしまったのです。

しばらくしてから、女の子たちと、再び話し合いの場を持つことになったのですが、その話し合いの中で、なぜ先生の一存で、私たちの友達関係を壊されなければならないのかが理解できないといったことを、強く私に訴えて来ました。このことから、子どもたちが

悪いといった立場からは全く指導が入らないと感じたので、思い切って、子どもたちの立場から指導を組み立ててみることにしました。

その話し合いの後、私は、そのグループを解体するのではなく、お楽しみ会などの企画、進行をしていく係にすえて、学級の中で活躍できるようにしました。これが功を奏し、女の子たちとの関係も徐々に改善されていきました。

このことからもわかるように、

教師が女子のグループを解体することは、百害あって一利なし

で、大切なことは、

女子のグループをうまく利用した学級経営を進めていくこと

なのです。

その際、意識しておくべきことは

①グループ同士の関係性を把握する。
②グループ間でのもめごとやグループ内の人間関係で、何か問題が起きたら、即座にゆっくり、丁寧に話を聞き、どうすればよいのかを、教師が指導するのではなく、子どもたち自身に考えさせる。
③一人になってしまった子どもがいれば、必ず教師が話を聞き、味方だといったメッセージを伝え続ける。

といったことです。

高学年女子がグループ化することは、発達段階から考えても当然のことなのです。それを教師は善意のつもりで、いびつにこねくりまわしてしまうのですが、それがかえって、教師にとっても、子どもたちにとっても、マイナスに作用してしまうことが往々にしてあるのです。

子どもは「平等」「同じ」でなくてOK

「ひいきだ」と言われたら「配慮だ」と答える

この世に平等社会なんて絶対にありえない。

教師は教室の中で平等社会を築こうと必死にがんばりますが、うまくいきません。それは、教師がそもそも不可能なことを追い求めてしまっているからです。

教師になって2年目。私の学級には、なかなか落ち着くことが難しい男の子が在籍していました。彼に厳しい指導をすると、スイッチが入り、暴れてしまうことも度々ありました。だから、他の子に比べて指導を緩めざるをえなかったのです。でも、他の子どもからはこんな声が出てきました。

「先生、あいつにだけ優しくして、せこいやん。そんなん、えこひいきや。」

当時の私には、その子どもに返す言葉が見つからず、つい感情的に叱ってしまいました。

その日の放課後、当時の学年主任の先生にどう対応すればよかったのかを相談しました。

すると、おもむろに、その先生は辞書を出して
「えこひいきと配慮、それぞれ辞書で調べてごらんなさい。」

私はどういうことかよくわからないまま、それぞれの語句の意味を調べました。

・えこひいき……気に入った人を特に引き立てること
・配慮…………相手のためにあれこれと気を配ること

調べ終わると、その先生はニコッと笑って、

「人それぞれ課題が違うんだから、全員同じように接することなんて、そもそも無理なことなのよ。この2つの違いを子どもたちに丁寧に説明してあげてみて。」

目から鱗とはまさにこのことでした。教室で体現すべき平等とは、対応や結果の平等性を追求するのではなく、個々のニーズに即して、それぞれの能力を、同じように最大限伸ばせるように努力することだったのです。

このことは今でも私の教育の軸となっています。

子どもは「平等」「同じ」でなくてOK

何だってとりえとして認めてあげる

「あいつ、全然勉強できひんよな。」

「あいつ、ほんまに運動音痴やな。」

このように、学校では基本的に、勉強やスポーツの得意な子どもたちが評価される風潮があり、逆に、そうでない子どもたちは落ちこぼれと見なされてしまうのです。

では、はたして本当にそういった子どもたちは落ちこぼれなのでしょうか？

私はそうは思いません。

それは、その子どもたちが、運動や勉強以外に秀でている部分があるかもしれないからです。しかし、学校では、なかなかそういった子どもたちが活躍できたり、評価してあげられる場面が少ないのが現状です。

そこで、私は、学級の子どもたち全員が活躍できて、評価してあげられるように、「やる気・ファイト表」といったものを利用しています。

「やる気・ファイト表」は、評価項目を決め、それぞれに明確な評価基準を定め、その基準をクリアすれば、名前を記入していくといったものです。ここでポイントとなるのが、学習面や運動面以外の評価項目を定め、学級全員の名前が載るように配慮をしてあげることです。

この「やる気・ファイト表」に取り組んだことで、普段、なかなか活躍できない子どもが活躍することができたり、思いがけない逆転現象が生まれたりしました。そして、学級の中で多様な価値観を認め合い、勉強や運動ができない子であっても、見下したりするような雰囲気もなくなりました。

このことから、

落ちこぼれなんていうものは存在しない

といったことを、改めて理解することができました。

何をもってできる子どもなのか。何をもってできない子どもなのか。

実は、普段、学校の中で落ちこぼれとされている子どもたちにも、私たちが、気付けなかった力を持っていることも少なくないのです。言うならば、落ちこぼれは、教師の落ちこぼしとも言えるのです。

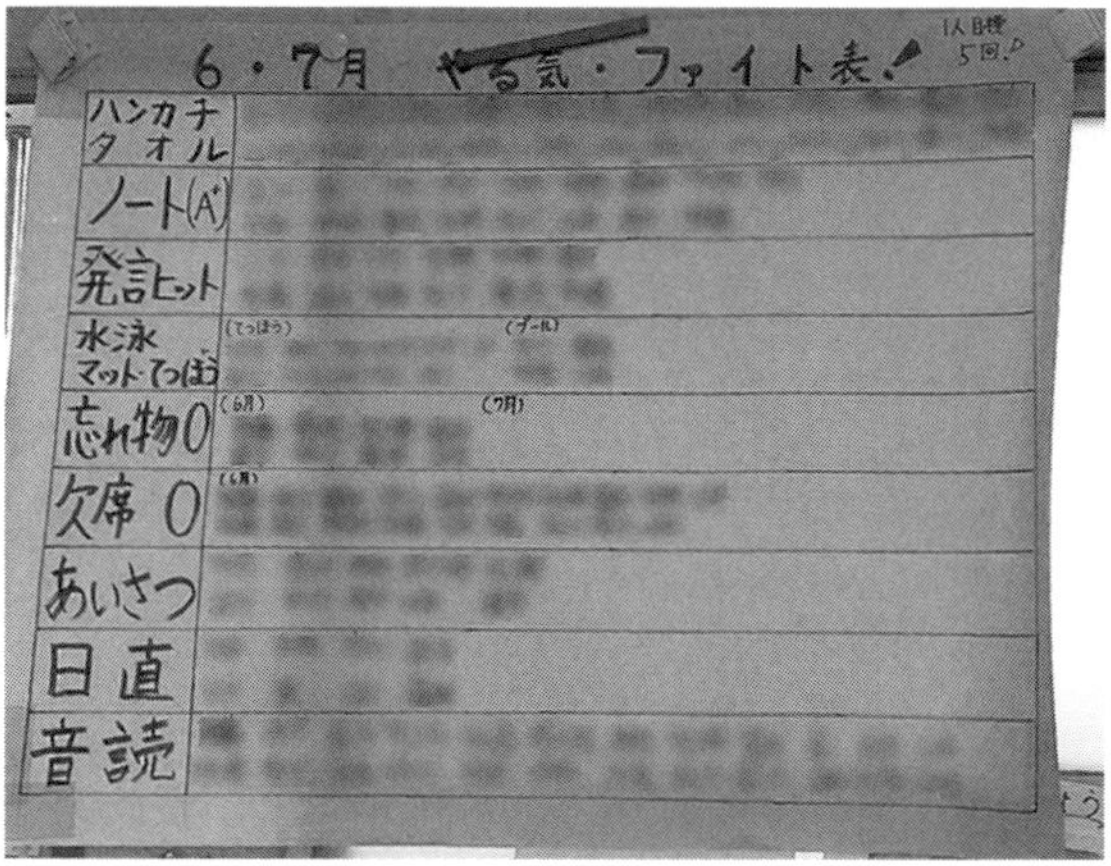

私の学級の「やる気・ファイト表」
評価項目を書き，それぞれの評価規準をクリアした子どもたちの名前を書き込んでいく。

子どもは「平等」「同じ」でなくてOK

頑張れるようにご褒美をいっぱいあげる

「大縄大会で優勝したら、宿題をなしにしてあげるから、がんばりや！」

「宿題一週間忘れへんかったら、この大きいシールをあげるから、がんばりや！」

このように、ご褒美を利用している先生も多いでしょう。

ご褒美の力は絶大で、子どもたちのモチベーションが上がり、一生懸命がんばってくれるようになります。

私の学級でも、このご褒美の力を利用することが多くありました。

例えば、自主学習であれば、自主学習に取り組んだページ数によって、凡人、名人、達人、鉄人、超人、仙人、神といった形で、ランク付けをしています。そして、ランクが上がるごとに、免許状をラミネートして、子どもたちに渡します。これだけでも、子どもたちのモチベーションは上がるのですが、私はさらにもう一手打ちます。それは、ランクごとに免許状の大きさを変えてあげることです。

凡人ランクでは、名刺サイズですが、ランクが上がるごとに、少しずつ免許状のサイズを大きくしていき、一番最後の神ランクでは、A3サイズもの大きさにしてあげました。

こうすることで、子どもたちは自主学習に意欲的に取り組むようになり、一年間で自主学習ノートが40冊以上に達する子どもも数人出て来ました。

しかし、この実践をして、しばらくしてから、

「ご褒美をあげるのは、あまりよくないよ。ご褒美がないと動かない子になるからね。」

と、多くの先輩教師に指導を受けました。

では、ご褒美をあげることが、はたして、本当にダメなのでしょうか。

実は、

ご褒美、外発的動機付けで、子どもたちのやる気を出させることは有効

と考えられているのです。

応用行動分析から、外発的動機付けについて考えてみると、シールや賞状のようなご褒

美は、有能感を感じる学童期の子どもたちには、特によく効くとされているのです。

一方で、気をつけなければならないのが、

ご褒美をもらうことを、目的にさせない

ということです。

私の学級でも、最初は免許状が欲しいから、一生懸命に自主学習に取り組んでいる子どもが大多数でした。

でも、その価値観を変えるために、私は子どもたちの自主学習を通して、自分一人で勉強する方法を丁寧に伝え、テストで高得点をとらせるようにさせたり、子どもたち自身の興味があることを、徹底的に掘り下げて調べることの素晴らしさを地道に伝え続けました。

そして、素晴らしい内容の自主学習があれば、教室内に掲示したり、学級通信などに掲載をして、子どもたちのがんばりを視覚化し、自身の成長を感じられるようにしました。

こういったことを粘り強く続けていくことで、子どもたちはご褒美のためだけにがんばる、といったことをしなくなっていきます。

繰り返しになりますが、

教師が望ましいと考える行動を定着させるために、外発的動機付けを利用して、なぜその行動が望ましいのかを伝え続け、評価し続ける

ことで、ご褒美がなくても、教師が望ましいと考える行動を、子どもたちは少しずつとるようになっていきます。

だから、

行為を定着させるために、ご褒美を用いることは決して悪いことではない

のです。

第4章

ちょっと気ままに「飾らない」授業づくり

まずは特別な授業でなくてOK

フツーの一斉授業でいい

「主体的・対話的で深い学び」を軸に据えて学校教育を進めていく、といった現在の教育の主流とは真逆の、バリバリの一斉指導の必要性もあると私は考えています。

そもそも、崩れてしまった学級には明確な学級のルールや枠組みが存在しません。

また、クラス替えをしたとしても、荒れてしまった学級の子どもたちは一定期間、自身のマイルールの中で過ごしてきているので、どうしても手抜きをしたがります。そういった状況下で、何のルールや枠組みもなく、

「じゃー、みんな協力して、学び合ってね。」

と子どもたちにアバウトな指示を出してしまうと、私語が増えてしまったり、遊んでしまう、といった逸脱行為が増えてしまい、結果、指導しなければならない場面が増え、学

級の状況を悪化させてしまう要因にもなりかねないのです。

つまり、

授業のルールや枠組みがなかったり、曖昧であったりする状況で、いきなり協同学習や学び合いをさせてしまうと、再び学級が崩れてしまうリスクが高まってしまう

のです。

私は、4月の最初の時期に、子どもたちが興味を抱くような雑学ネタを盛り込んだおもしろい授業や、簡単なミニゲームをたくさん行います。それは、担任の先生の話を聞くと、何かおもしろいことがありそうだ、今年の担任の先生は今までと何か少し違うぞ、といった期待感を子どもたちに抱かせたいからです。子どもたちは、担任の先生に期待感を抱くと、少しずつ静かに話を聞いてくれるようになります。

その上で、私は授業でのルールを子どもたちに1つ1つ具体的に丁寧に伝えています。そうすると、たまにキラリと光るような行動をとる子どもが出て来ます。その姿を見つけたら、写真に撮り、その写真を教室に掲示したり、パワーポイントにして学級の子どもたちとシェアをし、その行為が学級全体に広がるようにします。

つまり、学級が崩れてしまっている場合には、学級の状態を0ベースに戻す作業として、

教師主導の一斉型の授業をしながら、まず、授業のルールや枠組みを子どもたちに、きちんと身に付けさせることが必要

なのです。

そして、また、

明確なルールがあることは、発達に課題を有する子どもたちにとっても、非常に大きな支援にもなります。

その理由は、そういった子どもたちは先を見通す力が定型発達児よりも弱く、何をしたらよいのかがわからなくなると、不安になり、パニックを起こしてしまう可能性が高まるからです。大人ですらルールがなければ安心して毎日を過ごすことができないのに、子どもたちであればなおさらです。

子どもたちが主体的に対話的に学べるように、これらのことを踏まえた上で、まず教師主体の一斉指導を行い、少しずつ子どもたちが主体の授業へと、ステップアップしていく

ことが大切なのです。

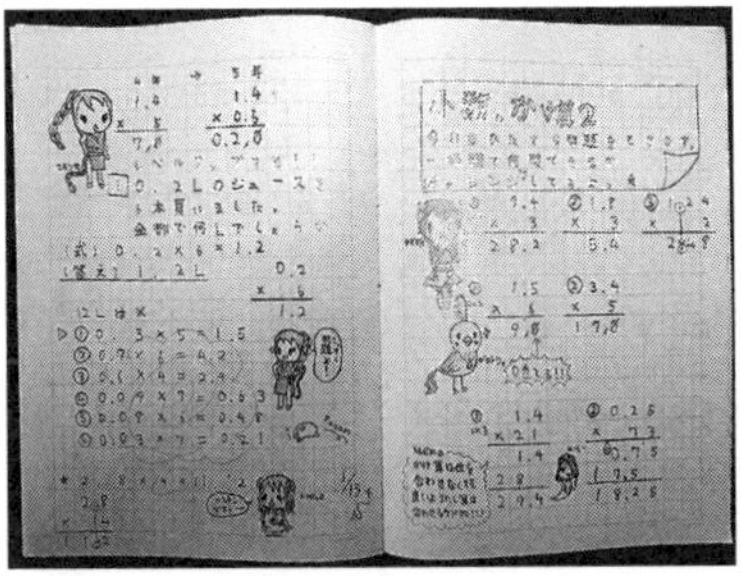

ノートをマイ参考書に！

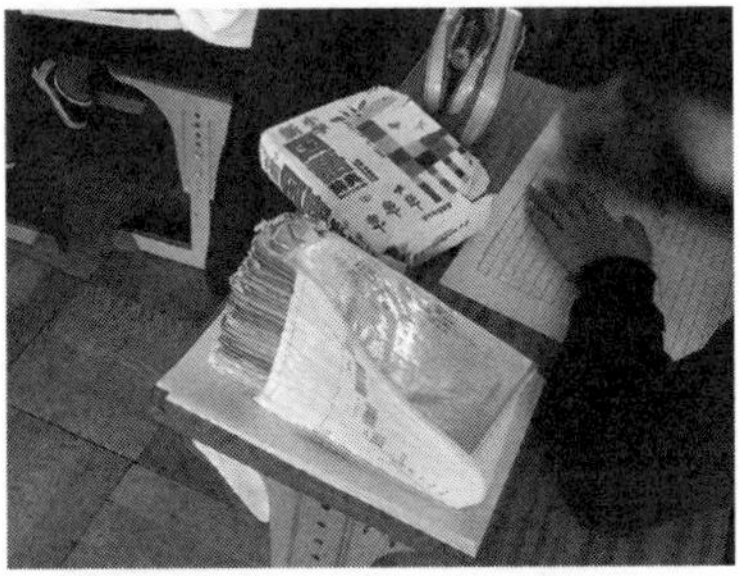

言葉の貯金を増やそう！

準備力

子どもたちのキラリと光る行動の価値付け

まずは特別な授業でなくてOK

算数は問題解決学習じゃなく、知識の教え込みをしてしまう

私は中学校の頃から数学が嫌いです。

それは、なんだかよくわからない説明を長々説明されたり、

「じゃー、この問題がなんでこういう解き方になるのか考えてみよっか?」

といった問題を出されたりすることも多く、私は心の中で

「おいっ!それがわからんから、困ってるんやろー!」

とか、

「そんなややこしいこと考えんでも、答えがわかったらええやん。」

と一人で心の中で突っ込んでいたのを、今も思い出します。

私は荒れてしまった高学年を担任することが多く、とにかく勉強をすることに強い抵抗

感を示す子どもたちと多く出会ってきました。そういった子どもたちに回りくどく説明をしたり、子どもたちに問題解決型の授業をする度に、学生時代の自分の姿と子どもたちの姿が重なって見えました。

私もそうでしたが、今まで習ってきたことも理解していない学力下位層の子どもにとっては、回りくどく説明されたり、問題解決型の授業を受けたとしても、内容が理解できず、より学習意欲が下がってしまうのです。子どもたちの学習意欲が下がっていくと、授業での問題行動が多くなり、叱らなければならない場面も必然的に増えてしまいます。その結果、学級のムードも悪くなり、学級を崩してしまう遠因にもなりかねません。

つまり、

学力下位層の子どもが多く在籍する学級では、説明に時間をかけ過ぎたり、問題解決型の授業を行うことが、かえって逆効果になってしまうことが多い

のです。

そこで、私は思い切って、教科書の内容を逸脱しないように留意をしながら、知識獲得を最優先した授業に取り組んでみることにしました。

こういった授業をしていくことの効果は徐々に現れてきました。まず、子どもたちの点数が少しずつ向上していきました。次に、子どもたちの学びのスイッチがどんどんONになっていったことです。

一番印象的だったのは、算数が大嫌いで、テストでもあまりいい点数を取れた経験がなかったやんちゃな男の子が、テストで90点を初めて取った時、嬉しそうに私の所に来て、

「俺、実はかしこいねんぞ！」

と、満面の笑顔とドヤ顔で自慢をしてきたのです。

その後、この男の子は、算数だけでなく他の教科でも一生懸命勉強する姿勢を見せてくれるようになりました。このことから、

子どものやる気を引き出すためには、子どもたちに「わかった！」「できた！」といった経験をさせて、結果が目に見える形で現れるようにしてあげる。

そのために、

知識獲得最優先の授業を行って、シンプルに問題の解き方のポイントを指導する。そして、それをもとに問題をたくさん解かせ、テストで高得点をとらせる

といった方法が非常に効果的なのです。さらに、

そもそも、考えるための材料としての知識がない段階で、考えるといった作業をしても何も生まれないのです。知識という材料があって、はじめて実のある思考が生まれる

のだと、私は考えています。

こういったことからも、特に算数では、問題解決学習ではなく、まず、知識の教え込みをしてしまうことも大切なのです。

授業は
騒がしいくらいがOK

雑学だってたくさん教える

やんちゃな子どもたちや発達に課題を有する子どもたちが多く在籍している学級で、そういった子どもたちを落ち着かせるために非常に有効的なのが、

授業中に、たくさん雑学を教える

といったことです。

やんちゃな子どもたちや発達に課題を有する子どもたちは、概して、授業で集中して教師の話を聞ける時間が短く、どうしても小言が増えてしまいます。そして、いつの間にか、もぐらたたきのような指導に陥ってしまい、結局、次につながるようなプラスの指導になかなかなりません。そもそも、

やんちゃな子どもたちや発達に課題を有する子どもたちは学びのスイッチがOFFになってしまっているので、学びのスイッチをONにしてあげない限り、教師の話を集中して聞くようになることは難しい

のです。もちろん、圧倒的な力で押さえつければ、その時だけは話を聞くようになるでしょうが、何ら根本的な解決にはつながりません。

やんちゃな子どもたちは学んで新しい知識を得ることのおもしろさに気が付いておらず、発達に課題を有する子どもたちも自分の興味関心のあること以外は情報をシャットダウンしてしまっているのです。この二つの困難な問題を解決してくれるのが雑学なのです。

やんちゃな子どもたちや発達に課題を有する子どもたち、特にADHDの子どもたちに、誰も知らないような、とっておきの情報を教えるよ、と言って雑学を教えると、学習への興味関心を抱き、比較的集中をして、一定時間話を聞くようになります。

雑学の具体例として、例えば歴史分野であれば、平安時代の女性はまゆの位置の高さ・低さで位がわかったといったことや、江戸時代にレンタルショップや百均と同形態のお店があった、といったような話をたくさんすると、子どもたちは目を輝かせて話を聞いてく

れます。こういった雑学を仕入れる方法として、雑学に関するネタ本を読んだり、もし時間がなければ、ネットで検索すれば、すぐに出てきます。

もちろん、雑学を話す際に、気をつけなければならないこともあります。それは、

授業内容に即した内容であることと、あまり長い時間をかけて、雑学の話をしないこと。


あくまでも大切なのは授業であり、雑学を話すことに多くの時間を割いてしまったことで、授業がおざなりになってしまっては本末転倒だからです。

子どもたちの学びのスイッチをONにしてあげると、子どもたちはワクワクしながら、先生の話を聞き逃すまいとして、他のことも少しずつがんばれるようになってきます。

私たちも思い返してみれば、授業の中身よりも、教師のよもやま話の方が記憶に残っている人も多いのではないでしょうか。

授業は騒がしいくらいがOK

教室の静かさに安心しない方がいい

先ほどから、荒れてしまった学級を落ち着かせるためには、教師主体の一斉授業が大切だと書かせてもらいました。

でも、

子どもたちが静かに授業を受けるようになったからといっても、学級の状態が上向いたとは決して言い切れない側面もある

のです。

実は、静寂の質にもプラスの側面とマイナスの側面があるのです。

・プラスの静けさ……課題に集中して、私語がない状況
・マイナスの静けさ……話を聞いていて、いる振りをしていて、私語のない状況

以前担任した学級は、4月当初、非常に騒がしかったのですが、ただ教科書どおりの授業をするだけでなく、雑学を中心としたおもしろい授業やミニゲームなどを行っていくことで、なんとか騒がしさを抑えることができました。

しかし一方で、子どもたちの様子をよく観察してみると、教科書に落書きをしている子、授業中に関係のない本をわからないように読んでいる子、手紙のやりとりをしている子など、私からは見えにくい形で、私に対してNOを突きつけていたのでした。静かにはなりましたが、マイナスの静けさの状態が横行し、教師から見えにくい荒れに、荒れの質が変容してしまっていたのでした。つまり、

子どもたちの大人や教師への不信のエネルギーが外に向けて発散されると騒がしい荒れ、逆に内に向いてしまうと静かな荒れにつながっていく。

こういった状況を打破するために、私は、一斉授業の中で、不意にランダムに子どもた

ちを指名して、

「先生の話を踏まえて、感想を言ってごらん。」

「友達が今発表してくれたこと、もう一回同じことを言ってごらん。」

といった声かけを授業の合間合間に入れるようにしました。そうするだけでも、子どもたちの中に緊張感が生まれ、随分、見えにくい荒れを抑えることができました。

深澤久先生の『鍛え・育てる―教師よ！「哲学」を持て』に、この学級の中に潜む「静かな荒れ」のことが詳しく述べられています。

実は、子どもたちが静かになったからといっても、安心は禁物なのです。

授業は
騒がしいくらいがOK

授業中も自由にしゃべらせてみる

子どもたちが主体的に学ぶ授業がいい。

このように言われても、やっぱり、子どもたちが静かに教師の話を聞いている授業の方がいいといったイメージはなかなか変えられないでしょう。それは、ほとんどの教師が子ども時代にそういった授業を受けてきており、それが当たり前で、そもそも、一斉授業以外のイメージが湧きにくいからなのです。さらに、教師が考えてきた授業進路や授業内容の予定を乱されることも、あまりいい気はしないでしょう。

こういったこともあり、授業は静かに受けさせるべきだ、といった考えから、なかなか抜けられないのです。

では、講師の話をただ一方的に聞いているだけの講演会、自分自身も積極的に話し合いに参加した講演会、この両方を思い出してみてください。

みなさんにとって、どちらが学びを深められましたか？

もちろん、自分にとって有益な話があれば、ただ話を聞くだけでも満足できることもあるでしょうが、多くの場合は、眠たくなってしまったり、ボーっとしてしまったりすることが多いでしょう。

逆に、話し合いに積極的に参加した時の方が充実感もあり、学びがあったと感じることが多かったでしょう。つまり、

子どもたちが静かに教師の話を聞くだけではなく、ワイワイおしゃべりをしながらアウトプットできる場面を、授業中に設けた方がより学びを深められる

のです。それなのにも関わらず、私たちは、私たち自身が学びを深められないとわかっている授業スタイルを、無意識に子どもたちに押しつけてしまっているのです。

もちろん一斉授業が悪いと言っているのではありません。授業が一斉授業一辺倒になってしまうことだけは、避けた方がいいということです。

私の場合、各授業ごとに、ペアトーク、グループでの話し合い活動、自由に立ち歩かせ

ての意見交流など、授業の中に子どもたち同士が交流し合える時間を、可能な限り設けるようにしていました。

また、私は崩れてしまった学級を担任することが多かったのですが、そういった学級はなかなか落ち着いて授業を受けさせることが難しく、静かにさせようとすると、どうしても小言が増えてしまいます。そして、小言が増えるのと比例して、どんどん学級の状態も悪化してしまいます。だから、私は子どもたちのありあまっているエネルギーをうまく利用した授業、活動を主体とした授業をすることを意識しました。そうすることで、子どもたちの落ち着きのなさを、短所ではなく、逆に長所として捉えることができ、小言を言うことも少なくなり、学級の状態を上向かせることができました。つまり、

騒がしい授業は、子どもたちの学びの質を上げるだけでなく、崩れてしまった学級を立て直す際にも、非常に効果的

なのです。

授業は
騒がしいくらいがOK

関係ない話が出た時はいさめてみる

「子どもが主体の授業が大切なのはわかるけど、やっぱり、授業は静かに受けさせるべきでは？」

このように、思っている先生も多いと思います。

そして、授業中に少しでも騒がしい状態になってしまったら、つい、

「静かにしなさい！」

と怒鳴ってしまう……。

もちろん、静かに授業を受けさせることも必要でしょう。

それはメリハリがなくなり、騒がしいことを日常的に教師が認めてしまうと、騒がしいことが日常化してしまい、ますます子どもたちの落ち着きがなくなってしまう恐れもある

からです。

でも実は、思い切って騒がしさを利用した授業づくりをすることも有効なのです。

ここでポイントとなるのが騒がしさの質の見極めです。

・プラスの騒がしさ……学習に興味があって騒がしい
・マイナスの騒がしさ……学習に興味を失って騒がしい

以前、こんなことがありました。

算数の授業中に、ある問題を、班で協力して解くように指示を出すと、子どもたちが一斉に元気よく話し合いを始めました。最初のうちは、子どもたちも一生懸命問題を解こうとがんばっていたのですが、しばらく時間がたつと、

「今日、学校終わったら、タコ公園でサッカーしようぜ。」

「ゲーム、どこまですすんだ?」

「昨日のドラマみたー?」

といったような声が、あちらこちらから聞こえてくるようになってきたのです。

このように、学習に熱中して騒がしくなっている場合は、プラスの騒がしさとして、特

に目くじらを立てて指導する必要もありませんし、時にはそのおしゃべりをうまく利用して授業することで、子どもたちの主体的で対話的な学びを喚起させることもできます。

一方、騒がしさの中に学習とは関係のない私語が目立つ場合はマイナスの騒がしさとして、きちんと指導をしなければなりません。

こういった状況に陥ってしまう主な要因として考えられるのが、教材の中身が子どもたちに合っていない、子どもたちが手抜きをしても大丈夫だと思っている、といったことが考えられます。

しかし、この中でも、教材の中身が子どもに合っていないという事項は、一朝一夕でどうにかなるというものではありません。だから、私は、子どもたちが手抜きをしないように、緊張感を持たせて、授業を進めていくことを特に意識をしています。

話し合いをさせたら、子どもたちをランダムに指名をし、どんなことを話し合ったのかを答えさせる。また、話し合いの際に、司会や記録といった形で、それぞれの子どもたちに役割分担をする。こういったことを、活動主体の授業の中に組み入れることで、子どもたちの手抜きを防ぐことができます。

つまり、子どもたちがざわざわしてきたからといって、杓子定規に、注意をして騒がしさを静めるのではなく、子どもたちの騒がしさがプラスの騒がしさなのかマイナスの騒がしさなのかを見極めて、授業を組み立てていく

といったことも大切なのです。

授業は
騒がしいくらいがOK

おしゃべりを増やすと子どもたちがかかわりだす

教師が意図しなければ、子どもたちは自分たちの仲の良い友達とでしか、ほとんど会話をしません。

以前、こんなことがありました。
私が学生時代に、学校支援に入らせていただいた5年生のある学級でのこと。
一人、机で顔を伏せて泣いている女の子がいました。その様子を見た私は、
「あそこの女の子泣いてるみたいやけど、声かけてあげてきたら？」
と、談笑していた3人の男の子たちに声をかけました。
すると、一人のリーダー格の男の子が興味なさそうな感じで、他の男の子に目配せをし

ながら

「ほんまやー。ってか、あいつ影薄いよな。名前何て言うんやったっけ?」

他の子たちも、同じように、その女の子を見下したかのように

「……。ほんまに名前忘れてしまったわ。あははははは。」

「だって、ほとんど誰ともしゃべらんもんなー?」

その瞬間、私は何とも言えない感情が込み上げてきて、その場からすぐに離れたい思いに駆られ、

「じゃー、先生が声かけてくるわ。ありがとう。」

とだけ伝え、足早にその場を去り、その女の子の元に行きました。

すでに6月なのに、その男の子たちは本当に女の子の名前を覚えていない様子でした。もちろん、ド忘れしてしまっている可能性も否定できませんが、少なくとも、この学級には友達同士の横のつながりが薄いといったことだけは間違いありませんでした。

上越教育大学の赤坂真二先生が、教師が子どもたちを意図的につながなければ、子どもたちは1日を通して、平均して7人から9人程度の子どもとしか、会話をしていないと仰っていました。確かに、そんな状況下では、子どもたち同士の中で協力しようといった気

持ちや、誰かを思いやるといった気持ちも生まれにくくなることも当然でしょう。

もっとマクロ的な視点で見ると、これからの未来、ますます混迷を深めていくであろう日本。そして、その中で困難で複雑化していく諸問題を解決していくには、もはや一人でどうにかできるレベルのものではなく、いかに他人と協力し合っていくか、といったことが非常に大切なスキルになっていくのです。

こういったことからも、

教師は意図的に子どもたち同士をつなげていくことを意識しながら、学級経営、授業づくりをしていかなければならない

のです。

騒がしさを利用した、活動的な授業スタイル、例えば、ブレインストーミングやワールド・カフェ、ディスカッション、子どもたちが自由に席を移動して意見交流をし合うといった授業スタイルは、子どもたちの学びが深くなるだけでなく、子どもたちに人間関係調整能力を育てる一助ともなり得るのです。

授業は
騒がしいくらいがOK

荒れたクラスほど、騒がしい授業がいい

　崩れてしまった学級こそ、管理すべきだと、第3章で書かせてもらいました。それは、荒れてしまった子どもたちを落ち着かせるために、まず必要なのは学級内のルールを決め、定着させることとです。ルールがなく、何が正しくて、何がダメなのかがよくわからない状況下に置かれたとして、はたして、みなさんは安心して毎日を過ごせるでしょうか。ここからもわかるように、ルールがあるからこそ、子どもだけでなく、全ての人が安心して毎日を過ごすことができるのです。

　でも、ルールをきちんと決めたとしても、守らせることに一生懸命になりすぎて、叱ってばかりでも、信頼関係が構築できずに、学級は崩れてしまいます。荒れてしまった経験のある学級では、子どもたちの大人への不信感が強くなっていて、教師を見る目もシビア

になっているので、なおさら、学級が崩れてしまうリスクが高いのです。

だからこそ、できるだけ叱る回数を減らすことを意識して、ルールづくりをしていかなければならないのです。その際、有効なのが、教師から見て子どもたちのデメリットと思われる部分をうまく利用していくことです。恐らく、多くの教師から見て、授業をする上でのデメリットの大部分を占めているのが

子どもたちが授業中に騒がしい

といったことでしょう。崩れてしまった学級では、ルールが存在しなくなっているのでなおさらでしょう。さらに、ＡＤＨＤの子どもややんちゃな子どもが多数在籍しているような学級であれば、より一層落ち着かせることは難しいでしょう。そして、その騒がしさを静めるために、多くの教師は一生懸命に労力を割いてしまっているのに、なんら前向きな結果を生まないことの方が多いのです。

だったら、静かにさせることに労力を割くのではなくて、いっそのこと騒がしさを利用した授業づくりをしてみてもいいのではないでしょうか。

例えば、子どもたちを授業中に立ち歩かせて、教え合いをさせたり、意見が二分するよ

うな討論の場面を仕掛けたりする。

その際、友達と無駄話をしないことや、みんなで協力し合って全員がその日の課題が理解できるようにする、といったルールを事前に伝える。そして、そのルールが守れていたかどうかの評価を、教師だけでなく、子どもたち自身でも行っていき、それを次回につなげていく。これを意識するだけで、ＡＤＨＤの子どもたちを叱る場面がぐっと減少します。

さらに、教え合いをすると、どうしてもさぼってしまう子どもたちが出て来てしまうので、すきま時間をいかに埋めるかといった手立てを色々考えていきます。

私の学級であれば、授業後に小テストを行って、クラスの平均点が80点を超えたら、何か学級として、ご褒美を与えると伝えたり、発展プリントを用意したり、手持ち無沙汰になった友達同士で問題を作り合う、といったことをさせていました。

一度、思い切って、静かにさせる授業ではなくて、騒がしい授業をしてみてください。子どもたちの姿も変わりますし、何よりも、授業中は静かにさせなければならない、といった間違った思い込みからくるプレッシャーからも解放され、随分楽な気持ちになれて、色々おもしろいアイデアも生まれてくるようになります。

少しふざけた授業もOK

算数の文章題をおもしろ問題にする

竜太君がコンビニで100000円の最高級キャビアと金粉入り豚まんを買いました。でも、ラッキーなことに、その日は大安売りの日で8割引でした。

さて、竜太君はいくら払ったでしょうか?


竜太君は、実際に学級にいる少しやんちゃな子ども。

算数の時間に、私はこのようなおもしろ問題を出すことがよくあります。

この問題を出した瞬間に、子どもたちは興奮した様子で、口々に、

「えーー!高すぎやろ?」

「竜太、どんだけ金持ちやねん！」

ひとしきり、この盛り上がりが続いた後、子どもたちはこのおもしろ問題の答えがどうなっているのかが気になり出して、問題に取り組んでいきます。

そもそも、子どもたちが算数を苦手に感じてしまう大きな原因の1つとして考えられているのが、

抽象的思考ができないこと

とされています。算数が具体的思考から抽象的思考の必要なものへと移行していく4年生あたりから、算数嫌いが急激に増えてくる要因もそこにあるのでしょう。現に、NHKの「エデュカチオ！」の番組内でも、学年ごとの算数嫌いの割合が示されていましたが、3年生で算数嫌いの子どもが16％しかいなかったのが、4、5、6年生になるとそれぞれ40％、47％、57％と跳ね上がっていく様子がグラフで示されていました。

そこで、子どもたちの算数に対するマイナスのイメージを払拭させるために、算数の文章題を作問する際に

・実生活に即したものにし、学級の子どもを登場させる
・子どもたちの興味関心を引くために、現実世界ではあり得ないことを織り交ぜる

といったことを意識すると、算数が苦手な子どもであっても、

抽象的な問題から、具体的なイメージが湧きやすくなる

さらに、問題に学級の子どもを登場させたり、現実では起こりえないようなことなどを織り交ぜることで、

より文章題に興味・関心を湧かせることができる

のです。そうすれば、算数に対する抵抗感が薄まり、意欲的に問題に取り組む姿勢が見られるようになります。もちろん、教科書の内容をないがしろにしてはいけませんが、まずは子どもたちのやる気スイッチをＯＮにしてあげなければ何も始まらないのです。

少しふざけた授業もOK

授業はゲーム形式にした方がいい

日常生活の様々な要素をゲームの形にすることを、ゲーミフィケーションといいます。授業も、このゲーミフィケーションを利用することで、子どもたちの学びの意欲を一気にONにすることが可能となります。このゲーミフィケーションによると、課題、報酬、交流の3つの要素が適切に提供されることで、人はゲームに没頭するようになるとされています。課題とは、挑戦すべき課題で、ゲーム上では、クエストやミッションなどと表現されることが多く、報酬は課題をクリアすることで得られるご褒美で、交流はランキングでライバルとの差を可視化したり、獲得した報酬を自慢できる場を用意することであると、それぞれ、考えられています。

例えば、算数の授業であれば、問題早解きバトル。

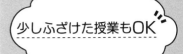

まず、課題として、算数の計算問題を1問か2問出し、できた子どもから、教師のところに持ってこさせる。この時、1問か2問にするのは、問題数が少ない方が、時間差が生まれにくくなるからです。次に報酬、交流として、ただ丸をつけるだけでなく、順位によって丸の横に王冠の絵やトロフィーの絵など、プラスαの絵をつけ加えてあげます。

こうすることで、算数の計算練習を一気にゲーム化させることができて、子どもたちも楽しみながら計算練習をするようになります。

ただし、この算数の問題早解きバトルで気をつけなければならないのが、全員が課題を終えるのを待つと、間延びしてしまうことです。それを防ぐために、先着15名といった形にして、できなかった子どもは答えを写させるようにします。どうしても、毎回、時間内に問題が解けない子どもには、ヒントを書いた紙を渡したり、事前に問題を教えるといった配慮を行います。

もちろん、そんな授業ばかりではダメですが、真面目一辺倒の授業だけでも、子どもたちはついてきてくれません。

でも一方で、ゲーム要素を授業に導入するだけでは有効に機能するわけでもありません。シールやポイント、レベルといったご褒美的なものは外発的な動機付けの要因にはなりますが、報酬だけが目当てになってしまうと、その報酬がなくなれば、子どもたちは学ばなくなってしまう恐れがあるからです。

だからこそ、そうならないように、その後の子どもたちの長期的なモチベーションにつながるように、

自身の成長の足跡を可視化できるようにしたり、学ぶことの意味を、同時に伝え続けていくことも大切になってくる

のです。ゲームをすることが目的ではなくて、ゲームを利用して子どもたちの学ぶ意欲を感化させていくといった視点を、教師が忘れずに持っておくことが大切なのです。

第5章

肩ひじ張らずに、ナチュラル「教師」術

教師を完璧にできなくてOK

本のとおりにクラスづくりができなくていい

教育書ばかりを読んでいる教師をたまに見かけますが、はたして、それで教師としての力量形成に本当につながっていくのでしょうか。

どんな仕事をしていようとも、力量形成のために読書は欠かせないものです。それは、卓越した経営者はほぼ間違いなく読書家であることからも、読書量と収入は比例しているという研究結果も出ていることからも明らかです。

もちろん、教育者は経営者ではありませんし、収入を上げるといったことも目的ではありません。しかし、読書が仕事をしていくにあたっての力量形成に大きく関わっていることは疑いようのない事実で、教師も例外ではないでしょう。

そもそも、優れた教育実践は、授業はもちろん、日々の教育活動などが統合された全体的なものなのです。

だからこそ、教育者が実践力を向上させるためには

・人格…忍耐、優しさ、寛容、謙遜、礼儀、素直さ、誠実さといった後天的に身に付けられるもの。
・知識…教育的な知識だけでなく、様々な分野の知識を併せて持てているか。
・技術…知識を利用し、悪戦苦闘しながら教育現場で実践を続け、自分なりのワザを身に付けられているか。

これらの3つの力をまんべんなく向上させていかなければならないと私は考えています。

ここで一つ気をつけなければいけないのは、人格と性格は別のものであるということです。心理学的に言うと、人格は後天的に身に付けていくものであり、両親や先生、友達の影響、仕事や遊びなどでつくられるとされています。一方、性格は生まれ持って備わっている感情や意志の傾向とされています。つまり、人格はいかようにも変えることが可能なのです。

ここからわかるように、教育書だけを読んでいても、確かに教育的な知識はたくさん身

に付けることは可能でしょうが、それ以外の力を伸ばすことは難しいのです。

実際に、教育書で学んだことを、いざ教室でやってみてもうまくいかなかった経験のある先生も多いのではないでしょうか。

私自身も以前、終わりの会で菊池省三先生の「ほめ言葉のシャワー」の実践をして、失敗した経験があります。本の通りに進めたのにも関わらず、子どもたちは面倒くさそうな顔をして、内容の薄いほめ言葉しか言ってくれず、本に書いてあったような効果は全くありませんでした。

つまり、

教育的知識だけ持っていても、うまくいくとは限らない

のです。

さらに、教育書を読んで頭デッカチになってしまうと、本に載っていることが正しいと錯覚してしまい、実践がうまくいかない原因を子どもに求めてしまう恐れも出てくるのです。

つまり、教師が教育実践を磨き上げていくためには、学んだ知識を目の前の子どもたち

に合わせて、カスタマイズする力も必要になってくるのです。

だから、私は

教育書は読まなければいけないが、教育書だけを読んでも総合的な教師の力量形成の向上にはつながらない

と考えています。

時には、教育書から離れてみることも、教師の力量形成においてとても大切なことなのです。

教師を完璧にできなくてOK

教えてもらったことは3割うまくいけばいい

1年目の私は散々な学級経営をしてしまいました。

大学時代の私は、家庭教師や塾の講師を務めたり、阪神タイガースの応援サークルのリーダーをしたりと、それなりに多様な経験を積んできていたこともあり、自分自身に自信を持っていました。そんなことから、小学校の先生なんて、朝飯前で楽勝な仕事だと思っていました。しかし、現実はそんな甘いものではありませんでした。

「友孝。シャーペンは学校に持って来たらあかんのちゃうん?」

ルールを破ってシャーペンを持って来ていた子どもに、声を低くして、少し睨みつけながら厳しめに注意をしました。

「他の子もシャーペン持って来てるのに、なんで、ボクだけ注意されるんですか?」

注意したらすぐに反省をして「すみません」と言うだろうと計算していた私にとって、考えてもみなかった子どもの反応でした。このあと、私はカッとなり、感情的に怒鳴りつけ、彼に力で押さえつける指導をしてしまいました。こんなことが何度も続き、1学期の終わり頃の学級の状態は文字通り最悪でした。

もうどうしたらいいのかがわからなくなり、夏休みに入る少し前、大学の先輩に自身の学級のことを相談しました。すると先輩は、

「おもしろくて、勉強になる勉強会あるけど一緒に行く？」

と、教育サークルや教育セミナーに何度も私を連れて行ってくれました。

そこでは目から鱗のテクニックや知識がたくさん紹介され、私は夢中でノートにペンを走らせました。

心機一転。夏休みが明けて、勉強してきたことを踏まえて、リスタートをしました。

1学期の子どもたちとはまるで違う姿を見せてくれることも少しは出てきましたが、思ったより子どもたちが変わらなかったことも、多くありました。

セミナーで学んできた通りに、言われた通りにやっているのに、子どもたちの様子が変わらない。さらに、セミナーで登壇された講師のような学級の様子に憧れをもっていた私

は、自分の学級の様子と憧れる学級の様子との絶望的な差に、焦りを感じ、またつらく子どもたちに当たってしまっていました……。

現在の私は少なくともこんなことで心乱されません。なぜなら、

学んだことはうまくいかないのが当然だからです。

そもそも、まず子どもたちの状況が違います。状況が違うのに同じようにいくはずもありません。そして、子どもとの信頼関係、強いて言うならばその先生の性格や人格も違うのに、同じようにいくことなんてあり得ないのです。だからこそ、

学んで得た知識をリフレクションし、自分に合うようにカスタマイズしていく、もう一手間が必要なのです。

子どもは教師の思うようには動きません。

教師が子どもに寄り添って、動いてあげなければならないのです。

教師を完璧にできなくてOK

クラスを思うようにコントロールできなくていい

「クラスはガチャガチャしてていい」のところで、教師が学級経営で苦しいと感じてしまう大きな原因は

学級が自分の思うようにコントロールできないと感じているから

だと書かせてもらいました。

そして一度このように感じてしまうと、教師は子どもを管理しようとします。しかし、それでもなかなか思うように子どもたちは変わらず、教師はついネチネチと感情的に子どもを怒ってしまい、子どもたちの心は教師から離れていき、学級が崩れていってしまうのです。

これは逆でも然りです。指導を放棄しても、子どもたちは教師に見捨てられたと感じて、子どもたちの気持ちは教師から離れていき、信頼関係が破綻し、学級が崩れていきます。

ここで、学級を崩さないために大切なことは

自分が理想とする学級づくりをあきらめる勇気を持つことです。

もちろん教師として、3月に向けてこんな子どもを育てたいというゴールイメージを持つことはとても大切です。しかし一方で、その年々で、受け持った子どもたちの状況やニーズも変わってくるはずです。つまり、毎年同じようなゴールイメージを強く持ちすぎると、受け持った子どもたちの状況やニーズが見えにくくなり、教師のエゴの押し付けになってしまい、子どもたちと齟齬を起こしやすくなってしまうのです。

自分の理想とする子ども像は到達目標としてぶれずに持ちながらも、目の前の子どもたちに合わせて、身に付けさせたい力の優先順位を考え、優先順位の低いものを思い切って、捨ててしまうことも、時としては必要なのです。

つい、私たちは、元気にあいさつができなければならない、メリハリのある行動ができなければならない、学級でのテストの平均点が高くなければならない、といった教師側の

理想を追い求めすぎてしまいます。そして、教師の理想が高ければ高い程、理想の姿にならない子どもたちに対して、不甲斐なさを強く感じてしまうのです。

結果、子どもたちのがんばりが足らないからうまくいかないんだと、一方的に子どもたちに責任を押し付けてしまい、子どもたちとの関係が悪化し、学級が崩れ出してしまうのです。

学級は、絶対に教師の思うようにコントロールできない。

だからこそ、この勘違いに気が付くことで、教師自身も随分楽になることができて、学級の荒れを防ぐことにもつながっていくのです。

教師を完璧にできなくてOK

子どもに寄り添うのはやめた方がいい

大学で、生徒指導のコツとして私はこんなことを学びました。

「問題行動を起こした子どもたちの気持ちに寄り添い、子どもたちの気持ちをわかってあげることが大切ですよ。」

その時、私は内心、何かしっくりこないものを感じていました。

それは、私が小学校時代に経験してきたことを思い出していたからです。

私が高学年の時の担任の先生は、決まって、

「小野。お前のその気持ちはわかる。でもな……。」

まるで枕詞のように、必ずこの決まり文句から指導が始まるのでした。私は内心、

「お前に、俺の気持ちなんてわかるわけないやろ。」

と、白けた気持ちで話を聞くふりをしていました。他人に自分の思いなんかわかるはずがないと、私は幼心にも感じていたのでした。

でも、自分のそんな過去に感じたこともすっかり忘れ、現場に出てからは、大学で習ったように共感をベースにしながら生徒指導を行っていました。しかし、4年目に全くこの生徒指導方法の通用しない子どもに出会いました。

音楽の時間が始まっているのにも関わらず、音楽室に来ない男の子が2人いました。他のクラスの男の子たちと一緒に体育館の裏でさぼっているのを見た、との情報が入った私は急いで体育館の裏に向かいました。体育館の裏に着くと、男の子たちはガムを噛みながらしゃべっていました。その様子を見て、私は少し厳しめに

「お前ら!そこで何してんねん。もう授業始まってるやろ!」

私の声を聞くと、蜘蛛の子を散らすように子どもたちは逃げ出して、私は後を追って、なんとか1人の男の子の腕をつかみ、

「ちょっと落ち着き。お前のさぼりたい気持ちも、逃げたい気持ちもわかるんやけどな……。」

そして、続けて私が話をしようとすると、

「うるさい！お前に俺の何がわかるねん！」

と言われた瞬間、昔のことをはっと思い出し、思わず手を離してしまいました。

その後、私は安易に共感するふりをするような指導をやめて、話をとにかく聞くようにしました。すると、やんちゃな子どもたちは少しずつ落ち着いていき、3月には問題行動もずいぶん減っていきました。そして、修了式に私は思い切って、やんちゃな子どもたちに

「嫌いな教師ってどんな教師なん？」

と聞くと

・子どもの事情を知らないのに、知ったかぶりをして指導する教師
・ウソをつく教師
・人の話を最後まで聞かずに、頭ごなしに怒鳴る教師

このことから、安易に共感するふりをして指導することが、実は子どもを傷つけていることもあるんだと改めて痛感しました。相手のことを理解することは現実的にかなり難しいでしょう。だからこそ、本当に大切なことは、安易に無責任な共感などせずに、相手の気持ちに寄り添い、確かめるように話を聞くことなのです。

やっぱり、学級は「王国」でいい

昨今、学級王国はダメだという論調が非常に多いですが、私は

学級王国は絶対に必要だ

と考えています。

アメリカの心理学者であるアブラハム・マズロー氏の唱えた「マズローの欲求5段階説」によると、人間の欲求は、5段階のピラミッドのように構成されていて、欲求の段階は、低い階層から、生理的欲求、安全の欲求、社会的欲求、尊厳欲求、自己実現の欲求となっており、下位の低次の欲求が満たされることで、上位の高次の欲求へ上がっていくとされています。

このことから、まず、子どもたちが学級に安心感を持って過ごせるようにならないと、友達との関わりを持ちたいといった社会的欲求や、他者から認められたいといった尊厳的欲求、そして、自分自身の能力を高めたいといった自己実現の欲求が生まれてこないことがわかります。

つまり、

まず、教師は学級の秩序づくりに、全力を尽くさなければならない

のです。

以前の私は、まさにそのことがすっぽり抜け落ちてしまったことが原因で、学級を崩しかけてしまいました。

子どもたちが主人公の学級を創っていく。

そんな淡い教育理念を持っていたのですが、子どもたちは、その理念をはき違えて捉えてしまっていました。

5月の連休明け。

宿題忘れが多かったので、私は子どもたちに、

「ちょっと宿題忘れが多くないか？どうしたら、宿題忘れが少なくなるか、みんなで考えて、そこで決まったことを学級のルールにしよっか。」

と提案をして、子どもたち同士の話し合いをスタートさせました。

私の見立てでは、友達同士で宿題忘れをしないように声を掛け合う、といった形で話し合いは落ち着くだろうと考えていました。

しかし、事態は予想だにしなかった結末を迎えることとなりました。

話し合いもいよいよ佳境に差し掛かってきた時、ある男の子が、ふいに、

「そもそも、宿題がなかったら、宿題忘れもなくなるんちゃうん？」

すると、別の女の子が、

「でも、さすがに宿題なしはまずいし、宿題をほとんど出さないようにしてもらうっていうのはどうやろうか？」

すると、学級の子どもたちが声を揃えて、

「賛成でーす。」

と言って、私にとって考えられなかった形で話し合いが決着してしまったのです。

さすがに、そんなことを許してはならない、と感じた私は

「それは、さすがにできひんかな？　宿題はみんなの仕事やし。」

そう言うと、先ほどとは別の女の子が、

「先生は私たちが学級のルール作っていいって言ったじゃないですか？　約束破るんですか？」

と言ってきたので、少し感情的になってしまい、

「あかんもんはあかんねん。えらそうに言うな。」

と声を荒げて怒ってしまいました。

その指導後、子どもたちとの関係が微妙にギクシャクしてしまい、私の指示に従わないことも増えていきました。

そして、2学期。もう一度仕切り直しをすることにしました。

どんな学級にしていきたいかを、子どもたちにもう一度伝え直し、その上で明確なルールを決めて、そのルールに則して、指導を続けていく形に切り替えました。最初は反抗的な態度が見られましたが、少しずつ、学級が落ち着いていきました。

山口県の中村健一先生がこんなことを仰っていました。

「どんな国でも理念だけを語って、憲法や法律がなかったら崩壊する。それと学級づく

りは似ているよ。」

と言われたことが、まさにその通りだと思いました。

つまり、担任は、学級といった1つの王国の主として、責任を持ってルールを作り、まず子どもたちの安全安心を担保してあげなければならないのです。

私の学級も、そこの部分がすっぽり抜け落ちてしまっていたからこそ、学級の状況が混沌としてしまい、担任である私に対しての不満もあって、子どもたちが反抗的な態度をとっていたのでしょう。そんな状況下で、子どもたちが自律して学級を動かすことなんて到底できるはずもありません。

でも一方で、閉鎖的で、秘密主義的な学級王国にならないようにも気をつけなければいけません。

それは、学級は自分一人のものではなく、また、教師の自己満足のためにあるのでもなく、子どもたちの健やかな成長のためにあるものだからです。

仕事は適当にこなしてもいい

教師になりたての頃、私はこんな経験をしました。

毎日つらく、何をやってもうまくいかず、子どもたちの前に立つと、少し胸がキュッとなって苦しくなる。通勤中も、車に乗りながら、大ケガしない程度に事故にあいたいなと思ったことも何度かありました。

そんな一番苦しかった時に、同じ学校の先輩教師に、私の悩みを相談しました。すると、「本当に、全部うまくいってないの？ 必ず、何か一つはうまくいっている部分もあると思うよ。気にしすぎやって。よく考えてごらん。」と、一言だけアドバイスを頂きました。

そこで、私はハッと、いつの間にか、全て完璧でないとダメだと、知らず知らずのうちに思い込んでしまっていたことに気が付いたのです。つまり、

完璧に仕事をこなさなければならないと追い込まれると、すぐに息切れするのは明らか

なのです。でも、教師をしている人は、責任感が強く、全て完璧にこなさなければならないと、自分を追い込んでしまい、精神的に苦しくなっていく人が多いのでしょう。

だからこそ、

完璧を目指しつつ、80点でもよしと考えてみる

ことが有効なのです。授業は、ある程度の流れを考えるだけにする。宿題の丸付けも、子どもたち同士でやらせてみる。校務分掌の起案文書も、前年度と少しだけ手を加える。

完璧を目指し、日々邁進し続けていくことは非常に大切ですが、「子どものため」といった言葉に踊らされ、自分自身の身をギリギリまで削り、自分を壊してしまっては元も子もありません。ある部分では力を抜くこと、ある部分では妥協して、楽をすることも大切なのです。

苦しくなったら逃げてOK

ムダなこともどこかで役に立っている

あの先生と同じことをしているのに、なぜ、私だけ同僚の先生からこんなにつらく当たられるのだろうか。こういった、なんだかやるせない気持ちになった経験がある先生もおられるでしょう。

では、一体なぜこんなことが起きてしまうのでしょうか。それは、

所属する集団の暗黙のルールを理解していないから

なのです。日本社会は以前に比べて、随分と個人主義社会になったといわれています。

しかし一方で、そもそも、日本の「個人」は、「世間」の中に生きる個人であって、西洋的な「個人」など日本には存在し得ないと、鴻上尚史氏の著書『「空気」と「世間」』で

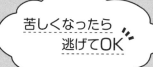

述べられています。

日本社会では未だに村八分的な考え方が残っており、そのカジュアル化されたものがKY（空気を読まない奴）から生まれる集団的いじめなのです。ここからもわかるように、職場でも学級でも、自身が所属する集団の暗黙のルールを理解せず、守らない個人主義者は、爪弾きにされてしまうのです。

もちろん、そんなものはどうでもいいし、一切気にしないといった先生もいるでしょう。でも、子どもたちの価値観が多様化し、社会の情勢も複雑になってしまっている今、学校現場では先生同士支え合わなければ、もはやどうにもならない状況になってしまっているのもまた事実なのです。もっと具体的に言うと、自分の学級が崩れてしまいそうな時、一人で抱え込むか、みんなにフォローをしてもらえるかで、精神的負担は全く違うからです。だからこそ、職員室での人間関係が良好になるように、

自らの仕事に関係のないムダなことをたくさんする

ことが大切なのです。

例えば、私の場合、雑用は率先して行ったり、先輩教師から頼まれた仕事は断らず、す

ぐに全力で取り組んだりしています。また、職員会議で出す案件も、必ず事前に先輩教師にチェックをしてもらっています。さらに、教室にこもって仕事をするだけではなく、たまには、職員室で先生方と雑談をしながら仕事をする、といったような時間もとっています。

このようなことを意識してきたことで、職場の先生方から、気にかけてもらうことも多くなり、ミスをした時もフォローしてもらえるようになりました。また、その職場での暗黙のルールも見えてくるようになってきます。

このように、たくさんの先生とコミュニケーションを図っていくことで、

自分自身の職場での所属感が高まるだけでなく、その集団での暗黙のルールも少しずつ見えてくるようになる

のです。

職場の人間関係を良好に保つことが、結果として、自身のモチベーションやパフォーマンスを上げることにつながり、子どもの教育のためにもつながっていくのです。

苦しくなったら逃げてOK

勉強会やセミナーに参加しない時があってもいい

自分自身が精神的に苦しい時期は

勉強会やセミナーに参加しない方がいい。

それは、勉強会やセミナーに参加することで、余計に自分が精神的に追い込まれてしまう可能性があるからです。

基本的に、セミナーに登壇されている講師の先生は、失敗談をあまり多く語ることはありません。さらに、そういったところに参加しているような教師は、ほとんど、自分の学級でうまくいっている実践の自慢を、お互いにし合うのです。少し冷静に考えれば、講師の先生も、セミナーや勉強会に参加している先生も、成功の裏には、必ず多くの失敗もし

ている、といったことがわかるはずなのですが、自分自身に精神的な余裕がないと、

私だけ、全然うまくいっていないんだと思い込み、より一層、自分で自分を追い込んでしまう可能性がある。

もちろん、勉強会やセミナーに参加することで、逆に自分自身の活力になる人もいるでしょう。そういった場で、自分自身の愚痴を吐けて、先輩からのアドバイスを前向きに捉えることができるのであれば、大丈夫なのです。

でもそうでないのであれば、いっそのこと、セミナーや勉強会に参加しない、教育のことをできるだけ考えないといった思い切りも、時には大切なのです。

一人旅をしてみる。友達と愚痴を吐き合う。ライブに行くなど、自分の気持ちが一番楽になることを、少し立ち止まって考えてみてください。

気持ちが少しでも楽になると、自分に余裕も生まれ、実は、こんなにちっぽけなことで悩んでいたんだ、ということにも気付けるはずです。

【著者紹介】

小野　領一（おの　りょういち）

1984年奈良県生まれ。

近畿大学経営学部卒業後，大阪教育大学第二部に進学し，卒業。

現在，奈良県小学校教諭として勤務。教育サークル「かれ笑らいす」代表。

「困難な学級での学級マネージメント」と「力量のある教員の指導方法に共通項はあるのか？」といったことについて，研究を行っている。

ストレス発散方法は，コカ・コーラ ゼロを一気飲みすること。

分担執筆として，
『THE　給食指導』『THE　清掃指導』『THE　学級開きネタ集』『ゼロから学べる仕事術』『気になる子を伸ばす指導　小学校編』『集団をつくるルールと指導　小学校編』『クラスがまとまる！協働力を高める活動づくり　小学校編』『クラスを最高の雰囲気にする！目的別学級ゲーム＆ワーク50』『教える　繋げる　育てる　授業がクラスを変える！学級づくりの3D理論』（以上，明治図書）『もっと笑う！教師の２日目』（黎明書房）

学級崩壊崖っぷちでも乗り切れる！

頑張らないクラスづくりのコツ

2018年３月初版第１刷刊 ©著　者　小　野　領　一
発行者　藤　原　光　政
発行所　明治図書出版株式会社
http://www.meijitosho.co.jp
（企画）佐藤智恵（校正）川﨑満里菜
〒114-0023　東京都北区滝野川7-46-1
振替00160-5-151318　電話03(5907)6703
ご注文窓口　電話03(5907)6668
＊検印省略　組版所　株　式　会　社　カ　シ　ヨ

Printed in Japan　ISBN978-4-18-203427-5